Jörg Jermann
Gib Gas, Hans

30/9/2018

Für Helene –
mit herzlichem Dank
für die Gastfreundschaft
im Paradies

Andreas

Originalausgabe 2016
Copyright © 2016: IL-Verlag
Copyright © 2016: J. Jermann / A. Chiquet
Illustrationen: A. Chiquet, www.primarygestures.ch
Umschlagbild: A. Chiquet
Umschlaggestaltung: IL-Verlag
Satz: IL-Verlag
ISBN: 978-3-906240-35-0

Jörg Jermann

Gib Gas, Hans

Kurzprosa

Die Intermezzi
stammen von Andreas Chiquet

AN DEN RÄNDERN

1	Wieder Nacht, wieder	11
2	Die Sonne drückt durch die	18
3	Neben mir liegen hatte ich	21
4	Mon cher ami, kürzlich	24
5	Der scheue französische Maestro	29
6	Bürgisser recht in	34
7	Liebe Voldaten und Verleidiger	37
8	Das braune, papierene Buschblättchen	39
9	Als hätte er weite Schwingen	41
10	Clara räumte ihre Bücher neu	43
11	Klappe eins/sieben. Kaum	48
12	Damals. Kleiner Junge, sagten sie	54
13	Da war dieser Holzzaun aus	57
14	Jetzt habe ich also neben	60
15	Vreni war zu früh, Heini	66
16	Herr Inderbitzin nahm einige	69
17	Kamil Brandenbergers Tagebuch, zweitletzter	72

FASZIKEL

1	Der Teich ist nun	88
2	Mächtige Bullaugen zwischen	90
3	In der Mitte der Beiz an	94
4	Zu ihrem neunten Geburtstag	96
5	Zuletzt waren, am Ufer	98
6	Jean und Jane, die zwei	102
7	Eines Morgens erwachte H	105
8	Nach seiner letzten Vorstellung	107
9	Ein grosser, leerer Saal. Nur	109
10	Metalle schmieden, stanzen	111
11	Viele standen auf alten	113
12	Liebe Sarah Kane, dein	118
13	Zu Fuss dem Wald	121

14	Plötzlich Windböen. Einer	124
15	ihr habt das vermächtnis	128
16	Kaum hatte Kari sich	131
17	Der wütende Allesverunglimpfer und	133
18	In der hauseigenen Bank der	135
19	Kurz vor dem Einschlafen wird	137
20	Durch den Wald ganz hinten	139
21	An Weihnachten war es wie	141
22	Die neue Museumshalle ist	143
23	Ein Vorwort zum jetzigen	145
24	Erst spät im Dezember kam	147

NACHBARN

1	Ja. So leise. So ein leiser	162
2	Niemand, Nacht, Nebel	164
3	Ach, sie sollen doch	167
4	Jedes Jahr treffe ich	172
5	Ohne Wasser kein Leben, sagte	174
6	Schon damals, wenn	178
7	Wie jeden Abend sitzt	180
8	Als ich eintrat, durchschossen	182
9	Er steht, wartet	188
10	Ich verachtete sie, meine	190
11	Als lebte es noch in	192
12	Ganz in der Sonne, in	196
13	Als ich gegen den Hof kam	197
14	Es war einmal ein	199
15	Noch vor dem Haupteingang	201
16	Dass jede Tat und jeder	203
17	Manch ordinäre Lustbarkeit	205
18	Sommervögel tanzten immer	211
19	Kaum hat er das Drücken	213
20	Er wohnt seit	217

AN DEN RÄNDERN

1

Wieder Nacht, wieder Regen, wieder Kälte. Mundwiler pedalte auf dem schwach beleuchteten, zum Glück geteerten Feldweg zum grossen Spiel Richtung Stadion. Ihn überholende Velofahrer und den Weg belegende Fangruppen, die ihm nur widerwillig eine Bresche öffneten. So muss das vor hundert Jahren gewesen sein, dunkel stellt er sich das vor, Licht als Seltenheit. Und rechts das grosse Plakat an einem beschädigten Zaun: Das Broadway-Varieté-Theater verbindet Musik, waghalsige Artistik, bittersüsse Poesie und bizarre Komik auf eine unnachahmliche Art und Weise. Ein zweimetriger dürrer Filifere tauchte aus dem Schatten auf, beugte sich zu ihm, dem rollendem Patapuffer hinunter, maulte etwas von sehr sehenswert und drückte ihm ein Blatt in die Hand: Broadway-Vaudeville-Varieté-Show, Zirzensisches, Nostalgie in der Poesie, Lachen, Weinen, Staunen. Die Gaukler jonglieren, klettern, Pantomime, Gesang, Akrobatik und Slapstick. Unverfroren zum Schluss, zuunterst auf der Seite: „Und nicht den Hut verlieren!"

Auch die Campingwagen der Artisten und das rote Chapiteau schienen aus dem vorletzten Jahrhundert zu kommen, einst waren es an der Herbstmesse Feuerschlucker, Schlangenmenschen, Entfesselungskünstler, Missgeburten, Ringzauberer, magische Zersäger, Tiermonster, die er alle immer gesehen hatte. Was gleichblieb war die nasse Erde, die Tischchen auf den Brettern schienen zu schwimmen, zu schweben, der Boden war sumpfig und es war kalt im Zelt. Überall tropfte es, die Blachen hatten schwere Mulden, die zu platzen drohten. Mundwiler blieb stehen und schaute in den Regen.

Am Nachmittag hatte er noch seine demente Mutter besucht. Der Name des Ortes, in den seine Mutter nach dem plötzlichen Tod ihres Mannes letztes Jahr eingewiesen worden war, hiess Adullam, ein Name, den er mit feist und arabisch verband. Fremd sollte sich bewahrheiten, eine Art abgeschlossener Ort, ein Schlupfwinkel. Als wäre der Kalif von Bagdad ein auf Kissen thronender Turban-Traumlandkönig für Demente.

Er war heute Nachmittag von einer tamilischen Pflegerin eines Besseren belehrt worden. Sie griff einer Bewohnerin den Puls und widersprach Mundwiler ohne Lächeln. Ob er sich für die Bibel interessiere? Es gehe um den biblischen David, er sei wohl zum Verworfenen geworden, zu einem Herumtreiber, der ausserhalb des Lagers einen sicheren Ort gefunden habe. Dort habe er solange warten müssen, bis Gott die Verheissung erfüllen würde. Der sichere Ort sei die Höhle Adullam gewesen. Dort hätten sich auch diejenigen versammelt, die verschuldet waren oder ein erbittertes Gemüt hatten. David sei der Anführer einer buntgewürfelten Schar geworden, die von der Gesellschaft verstossen war. Sie liess den Arm der Alten zurück in ihren Schoss fallen, schaute an die Decke und drehte ihr kleines Holzkreuz um, das sie am den Hals trug, strich mit den Händen ihre weisse Kleidung straff. An diesem sicheren Ort war nun also seine Mutter, von einer Stunde auf die andere, aus ihrem Stübchen gerissen, aus ihrer Wohnung, die sie seit sechzig Jahren mit ihrem Mann bewohnt hatte, von ihm geführt und gefüttert die letzten Jahre. Jener David war längst ausgezogen.

Mundwiler wurde auf seinem Veloweg eingeholt bis auf gleiche Höhe von einem belfernden Hund, der am Velo seines Herrchens angebunden war, das Gefährt entschwand langsam vor ihm in der Nacht. Ein Fährnis jagte das andere. Zwei Betrunkene kamen aus dem Vaudeville-Varieté und schwankten ihn fast vom Fahrrad.

Er war da, unweit vom Stadion, stellte das Velo ab neben die Mauer, die hunderten von umrissigen Männern als klammes Pissoir dienten. Kleine Kinder zerrten an den Händen der Väter in die Neonlicht-Schatten, deren Umrisse flatterten auf dem Boden und an den Bäumen seitlich der Strasse. Eine behinderte Frau mit schrägem und hinkendem Gang überholte ihn eiligst, stakig, verzerrt, ihr Fussball-Fan Leibchen war ihr viel zu eng und trug den Namen eines Fussball-Lokalmatadoren, der schon vor Jahren von der Bildfläche verschwunden war und nun den Versicherungsvertreter machte, man kannte ihn nicht mehr. Mundwiler näherte sich dem Rauch- und Schweinsfettgeruch. Vorne hatte es wie im Varieté kleine Tische, da drängten sich die aufgekratzten Fans mit ihren Schals um ihr Bier, das sie gleich kartonweise kauften, im Stadion drin wurde kein Alkohol verkauft, also musste man sich vorher eindecken. Mundwiler sank tief in das Regenrauschen.

Das Vergessen ist brutal. Gebäude sind kalt und erinnern sich nie. Dass er im selben Haus, in dem jetzt seine Mutter lebte, schon seines Blinddarms entledigt worden war vor vielen Jahren, weiss nun nur er noch. Der Eingang noch derselbe, diese Glastüren, der Windfang und sofort dieser Geruch nach Desinfektion und verpisster Wäsche, Krankheit, Spitalkantine mit viel Püriertem. Ein mickriger Zeitungskiosk mit Frauenheftchen mit Kreuzworträtseln und Königinnen. Ein viel zu kleiner Lift, in dem vor Wochen wohl jemand erbrochen hatte, alles geputzt, aber ein säuerliches Nachmöpseln blieb immer. Im dritten Stock der Sessel mit den kurzen Krüppelbeinen, ganz hinten im Gang, dessen Fenster in einen Park mit einer alten Blutbuche weist, war auch noch da, die Ecken des Flurs oben und unten abgerundet, der Linoleum läuft noch etwas die Wand hoch, da fliesst Flüssigkeit gleich wieder in den Gang und bleibt nicht irgendwo in der Wand kleben.

Einzelne rauchten am Bierstand Stumpen, Frauen hatte es wenige, sie fielen auf. Vor Mundwiler standen typische Weissweintrinker, ein älteres Pärchen mit trockenen Rötungen der Haut, pergamentene Raucher. Einer erklomm den improvisierten Tresen und lallte etwas von denen zeigen wir es heute, er hätte dem Varieté entsprungen sein können oder der Demenzabteilung. Im Verkaufsstand drin, einem aufgeklappten Anhänger, war eine ganz kleine Dame, so hoch wie Mundwiler als Knabe, eine Zwergin, eine kugelrunde und rothaarig gefärbte Schachtel mit viel Schminke, die immer einen auf kollegial machte, wohl eine der verschwundenen Beizerinnen, eine Ex-Knillenmutter, nun beschloss sie ihre Tage mit Bierwagen-Ausschank und Salzringen. In der Mitte des Wagens glänzte ein beleibter Showmaster mit Goldringen und einer feissen Golduhr und Panzerarmband und einem Ring mit schwarzem Stein, er zählte bloss immer nur das Geld, die Noten, immer zehn zusammen in einen Schuhkarton, eine Büroklammer dran, die beiden Finger nässte er an der wulstigen Zunge und zählte weiter, die Scheine waren für die Wurstesser unerreichbar, man hätte ein Akrobat sein müssen, unser Mann jonglierte routiniert und gelassen mit den Noten wie ein kleiner Keulenartist. Er wusste, dass er gesehen und beniedet wurde. Die Wurstesser standen reihig rundum, dicht nebeneinander, blecherne Schiessbudenwildschweinchen an der Herbstmesse.

Wenn Mundwiler ins Adullam hinein kam immer dasselbe Bild, seine Mutter sass fertig angezogen bis auf die Jacke auf ihrem Bett, ein Sofa hatte es ja nicht und sie wartete, das Täschchen in der Hand und auf dem Schoss, ein Strahlen glitt über ihr Gesicht, er war immer froh, dass sie seinen Namen noch wusste, nur selten verwechselte sie ihn. Sie fragte immer dieselben

Fragen, gefolgt von Mundwilers Aussagen: Wo bin ich hier, warum bin ich hier, wie lange muss ich hier bleiben, wo ist Vater, wann kann ich wieder nach Hause. Die Antworten repetitiv, weil Vater im Spital ist, bis du ins Altersheim kannst und dort ein Zimmer frei wird, im Spital, es geht ihm schlecht, du kannst nicht mehr nach Hause. Vater muss sterben. Ja. Sie begann ihren Vater mit ihrem Mann zu verwechseln, den sie schon seit dem ersten Kind auch Vater genannt hatte.

Neben dem sein Bier trinkenden Mundwiler werkte der Albaner, der immer zwei Zapfstellen am Laufen hatte für das Bier, der wusste, wie man es machte, dass der Schaum nicht zu hoch wurde, mit leichtem Doppelwippen zog er den Plastikbecher unter dem Füllhahn weg und stellte ihn auf die vordere Fläche, wo die beiden jungen Verkäuferinnen, eine Blondine und eine Brunette, gelangweilt lächelnd den Gerstensaft rüberschoben und mit der andern Hand das Geld entgegennahmen. Der Platz vor dem Stadion brummte, im Dunkel grosse Bewegung der Schatten, Mundwiler schaute durch alles hindurch.

Meistens spazierte er mit seiner Mutter in ein Café mitten im Dorf, drei Strassen weiter. Manchmal wollte sie das nicht, wimmerte etwas von sie fühle sich zu wacklig, sie habe den Datteri. Dann gingen sie langsam ins Spitalcafé mit den grossen Mucheli für den Milchkaffee und den von den überall herumwuselnden Diakonissen selber gemachten Kuchen. Alter Kaffeeduft hing in allen Ecken. Die Pfleger waren zweifellos immer nett mit den Bewohnern. Als sie wieder im Zimmer waren, setzte sie sich auf das Bett und verabschiedete sich von Mundwiler. Sie hatte ein Telefon. Die Luft war kalt. Wenn sie auf die Toilette musste im Gang, kam jemand, der sie dorthin begleitete. Sie bekam das Essen geliefert auf einem Chromstahlwagen mit einem ausklappernden Rädchen, über dem Teller war eine Blechhaube; fast wie im Hotel, sagte die Praktikantin und lachte. Mundwilers Mutter setzte sich an ein Tischchen auf einen Kunststoffstuhl neben dem Bett und begann zu essen, sie liess alles liegen, was ihr nicht gefiel, stocherte. Es ist recht, sagte sie, aber nicht wie zuhause.

Über sich hörte Mundwiler die lauten Fans wie eine ihn umschliessende Wand, Junge nannten sich Hey-Alter, das sag ich dir, ich hab ja nichts gesagt, alles in Ordnung, Alter, bring mir noch eins Mann, Mann die Wurst ist gut, Alter. Kässchüblig, Rauchwurst, Sanktgaller, Merguez, es knirschte, matschte und tropfte aus den Mündern, die laufend abgestrichen wurden. Auch die Käsewähen tropften. Es tropfte auch weiter von der Dachplane her auf seinen Veloüberwurf, seinen Hut.

Sie hatte schon lange nicht mehr selber kochen können, Vater hatte das gemacht. Ob Vater sterben müsse, fragte sie zum zehnten Mal, ich glaube ja, sagte Mundwiler. Aber ich will zu ihm. Wir gehen morgen Nachmittag, ich hol dich ab. Bis dann. Auf dem Rückweg sah er in ein Zimmer mit einer Magersüchtigen, in einem andern lag ein Sterbender. Im Gang sass in einer Art Nachtanzug eine ältere Dame, eingeknickt, chronisch grinsend. Im Lift zitterte eine uralte Dame mit ihrem Rollator, knochendürr, gestützt von der tamilischen Pflegerin. Draussen wuschen Arbeiter aus dem Balkan mit Schaum das grosse Adullam-Schild herunter, die Schrift reinigten sie senkrecht, das löste das Wort auf in irrende, einsame Buchstaben.

Mundwilers Platz im Stadion war reserviert, eine Rampe auf Höhe des Sechzehners, nicht weit davon sassen alle Invaliden in den Rollstühlen zuhinterst in der letzten Reihe des Parketts unter dem Balkon, aufgereihte Hühnchen auf der Stange. Er dachte, als alle andern aufstanden und den einlaufenden Mannschaften zujubelten, klatschten und tobten, seine Mutter hätte sterben sollen gleichzeitig mit ihrem Mann, wozu diese Zusatzschlaufe. Achtzig Jahre, dieses immer brav gedrosselte Leben, es könnten auch schon hundertvierzig sein, es hatte und hätte sich kaum mehr etwas verändert. Aber was sollte sich denn verändern, wie konnte er so arrogant denken. Das Panoptikum ist überall dasselbe. Das Popcorn auch.

Nach dem Spiel stieg Mundwiler wieder auf sein Rad, trat gegen die Kälte und den Regen kräftig und bald schwitzend in die Pedale, stob an den rückfliessenden Fans vorbei und um sie herum. Wie ein Lachs in der Stromschnelle, dachte er, zügig wollte er ins Freie hinaus, in die Frische, über die weiten Felder und durch die dunklen Wälder, auf langen Umwegen heimwärts, Varietés, Adullams, Würstchenbuden, und Rollstuhlrampen hinter sich in der triefenden Nacht lassend.

2

Die Sonne drückt durch die schwarzen, goldgerandeten Wolken, zerreisst diese da und dort und sendet glühende, messerscharfe Strahlenfächer auf das Meer, welches zurückblitzt und den schweren Himmel von unten zum Leuchten bringt, leuchtendes Azur, übersilbertes Preussischblau, Zyan, spiegelndes Schwarz. Der Wind heult, als hätte er Schmerzen, er untermalt diesen Augenblick, zieht sich zwischen Wasser und Himmel durch, schwillt an und ebbt ab wie die Gezeiten, schneller als sie und ohne Regelmass.

Auf dem Oberdeck sitzen Leute, die sich haben durchdrängeln müssen, ein Gerenne um die besten Plätze, ein gieriger jüngerer Mann schafft es schliesslich, fünf Plätze nebeneinander freizuhalten und diese zu verteidigen, bis seine Familie eintrifft und sich breit fallen lässt. Vom Maschinenraum her dringen Stinkschwaden verbrannten Schweröls nach oben. Möwen begleiten das Boot und schimpfen. Die fünf Familienmitglieder sitzen aufgereiht nebeneinander entlang der Reling mit Blick quer über das Schiff, sie wirken etwas abgekämpft, wohl weil sie auf der Insel länger als geplant haben spazieren müssen und etwas zuviel Kaffee und Kuchen in den Bäuchen liegt und es nun heftiger zu winden beginnt.

Auf dem schmalen Fussweg der Insel war ich so langsam gewandert, als hätte ich plötzlich nicht mehr weitergehen können. Unter lähmenden Wogen der Sinnlichkeit wurde ich sehr still, ging auf diesem Weg, der die Macht der Berge und das Meer an seinen Säumen zusammenband. Hinaufblickend sah ich die wolkenumhangenen Baumheidenhänge, weiter unten glänzte die sonnenbeschiedene Fläche des Meeres. Ich atmete Salzduft. Den Blick hinaus über die See gerichtet, spürte ich das kühle Grün der Hänge in meinem Rücken. Aufschimmernde Hügel und Wellenbrecher bauten eine Brücke zum Horizont. Ein silberner Faden zwischen Welten von Blau.

Zu reden haben sie nicht viel, manchmal zeigt der jüngere Ehemann auf eine Insel oder ein vorbeifahrendes Schiff und seine Frau weiss das jedes Mal mit Kopfnicken und anerkennend heruntergezogenen Mundecken zu quittieren.

Mitten drin sitzt ein alter Mann, unverwechselbar der Vater der Ehefrau, neben ihm ein etwas verwahrloster Junge und eine dickliche, ungepflegt angezogene Dame, welche die an ihm herumzupfende Mutter des Jungen ist und ebenfalls eine Tochter des Alten. Viele Passagiere ziehen wegen der plötzlich einbrechenden Kühle die Kapuzen über die Hüte, legen sich den Schal um und stecken die Hände in die Jackentaschen.

Der Alte beginnt seine Mütze zu halten, damit sie ihm nicht vom Wind weggefegt wird, er tut das mit ernster, unbewegter Miene und stiert vor sich hin. Die Tochter neben ihm ermuntert ihn, doch die mitgebrachte Windjacke anzuziehen, deutet auf seine Tasche. Er beugt sich schwerfällig hinunter und nimmt mühsam mit zittrigen Händen eine hellblaue Jacke heraus. Er versucht, die Jacke hinter sich über den Rücken zu legen, aber im Wind ist das schwer, der Schwiegersohn deutet zu seiner Frau und weist sie auf den Versuch des Vaters hin, sie nickt und zieht die Mundwinkel hinunter. Das Schiff fährt mit voller Kraft. Nach längerer Zeit hält sie ihm die Jacke fest und der Alte kann zunächst mit dem einen, dann mit dem andern Arm in die Ärmel schlüpfen.

Über den Kopfsteinpflastern im Dorf eben, vor der Anlegestelle des Schiffes, lag eine salzige Modrigkeit, bis die Sonne auch dorthin ihr Licht ausschüttete, die Zimmer, Betten und trunkenen Herzen hinter den schrägen Holzladenschatten erwärmte. Ich hörte nur meine Schritte hallen, das Meer rauschte nicht, liess mich besänftigen vom feinen Wind, legte mich eine Weile auf die von gelblichen Gräsern umwachsenen Felsbrocken, von wo ich den ganzen Ort überblicken konnte, sein rotgelbes Gewand, Ziegelrot und Melonengelb vor fürstlichem Meerblau. Selbst bei trübem Wetter bleiben mattflimmernde Farbgitter vor der Weite der See.

Da blitzt mir gegenüber plötzlich ein kleiner, einseitiger Lacher auf im rechten Mundwinkel des Schwiegersohns und er zieht missbilligend die Augenbrauen hoch, neigt den Kopf vogelartig schräg und mit einer ganz kleinen Bewegung des linken Armes und einem kleinen Zucken im Hals äfft er die Schlüpf-Versuche des Alten nach. Dieses kleine Amusement macht nun die Runde, man sieht sich kurz an und hat endlich ein Thema gefunden, auch wenn kein Wort gesprochen wird. Der Alte nimmt sein Taschentuch und muss dauernd den Rotz abwischen, er hat kalt. Auch die Tochter schnäuzt sich jetzt die Nase, was die andere Tochter als träfen Scherz über den Vater auffasst und ebenfalls spöttisch äffend die Nase von unten her zu betupfen beginnt.

Mit der einen Hand sucht der Vater mittlerweile die hinten herabhängende Kapuze zu fassen, zieht sie sich, halb zusammengelegt wie sie ist, über den Kopf, sucht die Bändel im Kapuzenrand, um sie unter seinem Kinn binden zu können. Der Wind allerdings schlägt diese wieder zurück und lässt sie an seinem Rücken flattern. Er beginnt von neuem. Mit der einen Hand hält er nun die Kapuze unter seinem Kinn fest, er hat sie über seine Dachmütze hieven können. Seine Hände zittern. Der Schwiegersohn grimassiert zum Jungen am andern Ende der Sitzreihe und macht ihm ein Zeichen, er solle mal gucken, was der Grossvater da versuche und wie komisch das aussehe, sie zwinkern sich hinter dem Rücken der ganzen Familie entlang der oberen Reling zu. Der Junge prustet heftig los, als er den sich mühenden Grossvater sieht, tut, als wäre es ein Husten.

Schliesslich der stumme Konsens, dass man sich das ergötzliche Schauspiel so lang als möglich anschauen wolle, was hat man sonst zu tun oder zu reden auf diesem Schiff. Versiegte Brunnen. Der Alte kämpft weiter mit der Unbill der Kapuze und des Windes und seines Zitterns und der Kälte, er schafft es nicht. Das Ergötzen ringsum wird zu einem hämischen Lachen, das immer offener wird. Er nimmt das wahr und tut, als merke er das alles nicht. Er schämt sich für seine Familie. Noch eine Weile geht das Kämpfen, das Gegrinse und das Gegacker weiter, bis der Alte erschöpft aufgibt und regungslos nach hinten sinkt. Der Schwiegersohn lacht mittlerweile versteckt Tränen, seine Frau hat verkniffene Lachkrämpfe. Der Junge verstummt plötzlich, wagt keinen Wank.

3

Neben mir liegen hatte ich eine Zeitung, auf deren Hinterseite eine Photographie zu mir hinauf ins Auto schaute. Jugendliche, alles Männer mit nackten Oberkörpern, mit geballten Fäusten. Einzelne hatten Armeemützen auf dem Kopf, andere glattrasierte Schädel. Einige reckten die Faust Richtung Fussballfeld oder Richtung Himmel, die Münder offen oder verbissen. Glück sieht anders aus, Wut glotzte da in mich hinein, blanke, förmlich nackte, bedrohliche Gewalt. Über schmale Nebenstrassen wollte ich, seit langem auf der Autobahn fahrend, zur Kathedrale gelangen, als wäre ich ein mit dem Auto herumziehender Pilger. Bereits gondelte ich auf einem steinigen Feldweg, dem Lärm der Autobahn entwichen, zufrieden.

Ich musste langsamer fahren und verlor die Orientierung. Rechts und links lagen flache, unüberschaubare Felder, abgemähte Kornfelder oder Wiesen mit verdorrtem Gras, vereinzelt waren in der Ferne Kühe auszumachen oder grosse Steine, Reste von gefällten Bäumen, einzelne Viehkadaver. Ich hielt an einer Gabelung an und sehnte mich bereits wieder nach einer Strasse, die normal befahrbar war, entschied mich, nach links abzubiegen, ich vermutete dort hinten irgendwo eine Art Kreuzung mit richtigen Schildern und richtigen Ortsnamen. Feldwege nahm das Ortungsgerät nicht mehr auf, das Pfeilchen drehte auf einer Wiese im Niemandsland. Ich hielt an und hörte dem laufenden Motor zu. Ein trüber Plastiksack wehte bodennah vorbei, als wäre ich nicht da.

Keine Menschenseele auf den Feldern. Keine Kirchturmspitze. Bloss einige Windrotoren auf hohen Betonsockeln ohne Zufahrtsweg. Sie drehten extrem langsam, einer stand still. Die Löcher in den Strassen rüttelten mich durch. Eine Art Weiler zeigte sich, am Horizont bloss Feldränder, Wiesenflächen, die sich mit einem farblos hellgrauen Himmel schnitten. Der Weiler war leer, ich hielt mitten auf dem Platz vor drei grossen, alten, zerfallenden Häusern, eine hohe Schuppentür stand halb offen, ein riesiger, vergilbter Mähdrescher war dahinter zu erkennen. Eine alte Benzinzapfsäule lag am Boden, mehrere mächtige Gummireifen lehnten sich an eine Holzwand, die schräg eingesunken war unter ihrem Druck. Rund um die schwarzen Reifen wucherten Brennnesseln. Eine schwarze Lache unterlegte einen Misthaufen.

Ich fuhr weiter in die endlose Ebene hinein, an einer Verzweigung eine verwitterte Tafel. Ich entschied mich für die Direction Belsache, das tönte vertrauenerweckend, gastfreundlich, bevölkert. Aber war die Verkehrstafel noch gültig? Mittlerweile suchte ich nicht mehr den richtigen Weg, sondern irgendwo einen Menschen. Ich hätte, wäre ich auf der Autobahn geblieben, kathedralnah längst ein Zimmer gefunden und bezogen. Es war heiss, ich hatte noch drei Bonbons.

Die Jungs auf dem Bild auf meinen Knien trotzten der Kälte, „Fussballfans in Russland, eine Zeitbombe", lautete der Titel. Man äffe dort Afrikaner zu Affen und Homosexuelle schreie man zum Lynchen aus, stand im Untertitel. Leichenmachen. Lachend lynchen. Und davon Bilder knipsen, Selfies herumzeigen.

Im nächsten Weiler sah ich einen alten Mann schlurfen mit einem Hund, er sah sich nicht nach mir um. Ich beschloss, an ihm und den verrosteten Gartengittern vorbeizufahren, an den schrägen Malven, an den leeren Feldern. Einfach zu fahren. Vögel flogen immer wieder in Scharen auf und waren blitzartig verschwunden. Ich hatte mich mit dem Labyrinth abgefunden, fraglos, ob das der richtige oder falsche Weg sei, einfach immer weiter. Gelassenheit machte sich in mir breit. Viele Häuser standen leer, die Hälfte der kleinen Ortschaften stand zum Verkauf. Keine Einkaufsläden. Geschlossene Kirchen, die auch sonntags nicht mehr betreten wurden. In Hinterzimmern, hinter Fenstern, Alte. Auf den Vorplätzen und verwilderten Gärten zerrissene Matratzen, umgekippte Blumenvasen, Springfedern und leere Holzkisten, staubig, heimisch, als lägen sie schon immer da und als würde sich nichts mehr verändern. Leere Hühnerhäuschen, offene Hasenställe. Wieder Brennnesseln. Ich hielt auf einem leeren, gemergelten Platz. Öffnete die Türe des Autos, blieb sitzen. Schwalben zilpten, Grillen verstummten und stimmten wieder an. Ein feiner Wind rieb sich an der Ecke wund. Ich hörte meinen Atem.

Ich sah auf dem Zeitungsbild einige Jungs, die andere suchend oder bewundernd anblickten, einige starrten in die Stadionweite oder hielten die Augen geschlossen, die Oberkörper bläulich in der Kälte, tätowiert, einzelne kreuzartige Anhänger aus Eisen. Wegen der Kälte waren die weit nach vorne gestreckten Arme und Hände weiss, einzelne hatten sich Nummern eingebrannt, Lagerinsassen ohne gestreifte Kleidung, einzelne Köpfe waren schwarz vermummt, Opfer des Scharfrichters. Der Weg stieg langsam an und ich war gespannt, was man oben auf der Krete sehen würde, eine Art Ausblick, Übersicht. Oben angelangt, sah ich weit weg auf einem milden Hügel die beiden Türme der angepeilten Kathedrale.

Ich freute mich auf die Begegnung mit dem mächtigen Bauwerk und erwartete von mir die bekannte Demut gegenüber der hehren Kirche. Bald stand ich eingeengt und ernüchtert im Touristenstrom unter den Details der überladenen Tympana, deren Name mich an einstige halbrunde Handtrommeln erinnerte. Vor hunderten von Jahren hatten die meisten Menschen wohl einen nicht mehr vorstellbar tiefen Gottesglauben gehabt. Oder sie wurden schlicht gezwungen zum Frondienst des Kathedralebaues, hungrig, beschädigt, alleingelassen in einem weiten Land, Folter, Pest, Trommelterror in der Kirche. Deren grosse Fenster waren schwarz vor Schmutz und wurden teilweise mit Baugestellen verdeckt. Mächtige Schilder hinter den Opferstöcken luden zur Finanzierung der Renovationen ein. Das Muster der Platten am Boden war verdeckt von mit Rucksäcken und Rollkoffern belegten Stuhlreihen und einer lauten russischen Reisegesellschaft mit einer pausenlos prasselnden Dozentin. Sie hinterliessen auf und unter den Bänken Becher, Dosen, Papierchen. Ich hätte gerne eine Art Schlägerei angefangen und die heisse Schokolade im Café gegenüber dem Westwerk war grauenhaft.

4

Mon cher ami, kürzlich haben wir uns zu später Stunde und langem Gespräch nicht darauf geeinigt, ob das Reisen eine besondere Sache sei, weder Bildung noch Erfahrung bringe, zu häufig und zu alltäglich, ja zu demokratisch geworden sei. Ob Kulturreisen dekadent und Museumsbesuche leerer Religionsersatz seien. Jetzt bin ich gestern ins weite welsche Land gefahren und möchte dir berichten. Wir können ja später einmal wieder nachts und schön zuhause über das Reisen weiter philosophieren. Bei einem Gläschen Gentiane. Oder eine weitere unternehmen, was wir ja nie ausgeschlossen haben, bei aller Skepsis.

Am Morgen der Abfahrt war ich zu früh aufgestanden, eine Null-Zeit, man sollte schon weg sein, steht noch herum, wartet auf nichts, fühlt sich überflüssig. Dazu die Grippe, die mich am Abend zuvor angefallen hatte, mich aber nicht am Wegfahren hindern sollte. Endlich ziehe ich ab mit Hut und Schal, durch den Schnee und die Kälte mit dem Rollkoffer und seinem grässlichen Rattern der Rollen, durch das noch dunkle Quartier, ins Tram, an den Kiosk, in den Kleinladen um das Nachtessen einzukaufen, wenn man dann einmal dort wäre, am Abend. Viel Zeitungen zur Einstimmung und im grossen, leeren, alten Wartesaal erstmals warten, hoch, viel Holzverkleidungen, ein blinder Spiegel. Orte, die eigentlich abgerissen werden sollten, aber aus unklaren Gründen zum Glück noch stehen, ungepflegt, ungebraucht seit Jahren, im Wartesaal klagt noch das leere Buffet, eine Erinnerung an einst, als das französische Leben hier begann, die Vorfreude auf Paris, ein Garçon mit schwarzem Gilet, un verre de rouge, das Weltmännische, das ich in meiner Jugend so gerne übte. Paris, ich komme, im Stile eines Helden, im Nachklang eines Don Quichote.

Die Kälte dringt ein in den Zug, draussen tief unter Null, Schneeverwehungen überall, unten am Zug mächtige Eisbrocken, die man von Zeit zu Zeit abfallen hört, sie schlagen am Wagenuntern auf wie Metallteile. Kurze Eindrücke können lange Erlebnisse in den Schatten stellen, die Intensität dieser Winterfahrt genügte mir als Ersatz für die Transsibirische von Moskau nach Wladiwostok. Im Zug dann, cher ami, ein schlimmes Vorzeichen, als solches aber nahm ich es noch nicht wahr: Ein Mann versuchte unentwegt mit mir zu sprechen, wir waren allein im Abteil, er hatte immense Angst, er sitze im falschen Zug, er sitze immer im falschen Zug, sämtliche Hinweise auf die Richtigkeit seines Billets und dieses Zuges, der wirklich nach Strasbourg fahre, liessen ihn unberührt, zum Glück kam dann bald Colmar und der Verängstigte stieg fliehend aus, wünschte mir schnell ein bon voyage, er schien spöttisch zu lächeln, ein seltsamer Vogel.

Und dann kurz vor Strassburg beginnt der Waggon zu bremsen, les freins, le climat, on ne sait pas, im Schneckentempo die letzten Kilometer, Ziel erreicht, aber verspätet, der Anschlusszug nach Paris ist weg, was tun. Das mache nichts, sagt der Contrôleur, der Zug sei nicht endgültig gestrichen, man rechne mit vier Stunden Verspätung. Ein neues Billet musste her, langes Anstehen in der Queue. Während ich auf ein neues Ticket lauerte, könnte ja der Zug hinter dem Rücken nun trotzdem abfahren und der einzige Anschluss in Saint Brieuc en Bretagne mit dem Autobus war nun endgültig nicht mehr erreichbar, das bedeutet, man muss am Ende bis zum Cap am Meer ein Taxi nehmen, das kostet soviel wie die ganze Reise des Tages.

Vier Stunden Pause in Strasbourg, aber wegen Grippe kein Ausgang möglich, also Rückzug ins Bistrot de la Gare und chez Paul ein Sandwich verdrücken, eine Brausetablette in den Verveine fallen lassen. Im Bahnhof hat es unzählige kleine Läden und Bistrots, die meisten geschlossen wegen Geschäftsaufgabe, es riecht nach Pissoir und hinten vorne seitlich sieht alles genau gleich aus, austauschbares Bahnhofsmobiliar, Glasfassaden, Betonpfeiler, Stahlpoller. Ich setze mich schnell wieder an eine Theke. Und merke, dass eine Frau mit Buch und bunter Jacke mich mustert, ein déjà-vue, cher ami, mich entweder auslacht wegen meiner Schnupferei in das Nastuch oder aber mich bewundert. Als ich darüber nachzudenken beginne, dass das eine interessante Unterhaltung würde mit dieser Frau bis Paris und ich wieder hinsehe, ist sie gegangen, verschwunden wie eine Schneeflocke auf dem warmen Handrücken. Nach zwei Stunden Spaziergang an diverse Orte im Bahnhof, un autre thé, ein weiteres Sandwich. Mit wie viel Kälte und Zufall und Beschäftigungen das Leben vorbeirauscht. Man schlägt nicht die Zeit tot, sie schlägt dich tot, à la fin.

Dann die vermeintliche Erlösung, man wird auf die voie 5 gerufen für den TGV nach Paris Est, der aber ist dort noch nicht da, dreissig Minuten in der Kälte, niemand wagt sich ins wärmende Buffet zurück, weil alle denken, jetzt komme der Zug dann gerade, Mitteilungen seitens der Bahn bleiben plötzlich aus, keine Jingles mehr, Stille, wie wenn alles im Frost erstorben wäre. Zitternd steige ich endlich ein, verziehe mich in meine Platzschale, schlafe sofort ein, dann klappen die Augen hoch und durch das Fenster Eindrücke der Kälte, Winterbilder in einer uralten, kaum beschädigten Landschaft mit wenigen bäuerlichen Zivilisationsspuren; Teiche, Pfosten, umgeschlagene Bäume, gefrorene Felder, steife, überlange Grashalme. Ich nicke wieder ein, dann die Mitteilung, der Zug fahre meist nur mit halber Geschwindigkeit wegen der Kälte, man erreiche Paris eine Stunde später.

Schliesslich das Umsteigen in Paris, ein schneller Tee in einer Bar, eine weitere Brausetablette gegen die auftauchenden Kältegefühle. Zum Glück im neuen Zug direction atlantique eine weitere Frau schräg gegenüber, nicht dieselbe wie in Strasbourg, wieder eine Leserin, ein Genuss, sie scheint nur für mich die Leserin zu mimen. Nach weiteren drei Stunden Fahrt nähert sich Saint Brieuc. Der überraschend angekündigte Extrabus dort würde erst gegen 19 Uhr abfahren und mich ans Ziel bringen. Nach der Hetze in Paris und der Döserei im luftlosen TGV steige ich aus, ziehe die frische Meerluft ein und nehme mir vor, einfach ins Bahnhofbuffet zu sitzen und die Stunden Zeitung lesend hinter mich zu bringen und nichts sonst. Umstellen, Zeit haben.

Aber der Café ist in drei Minuten getrunken. Also mitsamt einschneidendem Gepäck und klappernden Kofferrollen in die Stadt hinunter. Zehn Minuten später bin ich im Zentrum und dort in der Comestibles Abteilung, schlendere durch die Regale, kaufe noch zwei, drei Dinge mehr, als ich eigentlich benötigen würde und stehe dann wieder draussen, es geht sehr schnell, es hat kaum je Leute an der Kasse. Blicke in die Schaufenster, davor tummeln sich mit dem weltweit gleichen Gehabe die Halbwüchsigen, Tussis und Stimmbruchjungs.

Ins Café, Zeitung hervornehmen, kaum interessante Artikel, Buch hervor, keine Konzentration möglich. Blick auf den Notizzettel, kein Einfall. Leichtes Ziehen im Nacken und kalte Nieren. Nach dem Schweppes eine heisse Schokolade, was ungut den Magen aufsäuert, quel mélange, es ist erst kurz nach fünf, was mach ich bloss bis sieben. Ich schleppe mich weiter durch Seitenstrassen. Es ist Nacht, die Neonleuchten versprühen diffus ihr Licht. In einem Tabac steht eine Sammlung alter Postkarten, ein Bild mit Max Jacob, 1937, Max Jacob meditant, eine Schwarzweissphotographie aus dem Musée des Beaux-Arts in Orléans. An der Loire dieser kleine Ort Saint-Benoît-sur-Loire, der Juif errant Max Jacob versteckt als Klosterbruder, Konvertit, schliesslich trotzdem gejagt und umgebracht von den Nazis und den Collaborateurs, ein Unerfüllter. Weltumstände wie ein Krieg, das setzt Randbedingungen, das kann man verstehen, aber was, wenn das nicht gewesen wäre? Ein Schicksal ist nicht umzurechnen in eine andere Währung, hätte Max Jacob nicht das Drama des Weltkriegs erlebt, hätte er vielleicht nichts geschrieben, glückliche Umstände hätten ihn vielleicht zu einem unerfüllten Schriftsteller oder zu einem vergessenen Klosterbruder gemacht.

Es sollte ja auch ein Glück sein, wenn man keinen Weltkrieg als Stoff vorfindet für Literatur oder Résistance-Heldentum oder Untergrunds-Identifikation. Erfüllung oder Glücklichsein ist nicht machbar wie ein Sandwich oder ein Pain au chocolat. Das Fernsehen bringt alle zum gleichzeitigen Blöken, da ist eine Strategie dahinter, immer diese Natels und die iPhones und die unsozialen Netzwerke. Gleichschaltung gläserner Menschen. Es verschwinden auch die verbleichten Werbungen, die man vor zehn Jahren noch sah, die teilweise aus den 50er-Jahren stammten, Pernod, Pastis, Raphael, Gentiane gross an Stirnseiten von Cafés oder Tankstellen. Tankstellen auf dem Land mit einer roten Zapfsäule und einem Tankstellenwart mit angeschwärzten Händen. Der kam heraus, grüsste, wischte die Scheibe, tankte den Wagen voll, bat ins nach Benzin riechende Kassenhäuschen für die Bezahlung und ich fragte mich, wie viel Trinkgeld angemessen war.

Vor mir drängeln zahlreiche verwahrloste Schwarze, ihre Frauen sind dick und die Männer spielen sich auf in schweissigen Trainerhosen. Sie kaufen nichts, machen aber Betrieb und verdrängen alle aus der Passage, auch mich, ich bin der Fremde hier. Ein Radiosender im Café streut etwas von Terrorismus und Falaise in den Etats Unis aufs Trottoir, der erfundene Begriff der Finanzklippe, welcher scheinbar alles klar macht. Diffuse Begriffsprägungen nehmen zu, so mahnte der neue Bundespräsident, es sei nun wieder das alte „einer für alle, alle für einen" zu leben. „Eimer für alle" steht vor jedem McDonalds.

Ich kam vom Weg ab. Zog Richtung Hafen, der aber weit unten war, unterwegs wollte ich über Seitenstrassen, schon fast in Panik, wieder zurück.

Ich fragte eine bucklige Frau nach dem Weg, sie gab nur unverständliche Auskunft. Betonte aber, es sei heute sehr regnerisch und es komme noch schlimmer. Als ich in eine kleine Seitengasse abbog um den Weg zum Bahnhof zurück abzukürzen, stand ich plötzlich vor einer abschliessenden Wellblechgarage. Ich drehte mich um und die Gasse war auf der andern Seite auch verschlossen, Hauseingänge hatte es keine, aber von weit oben starrten zahlreiche Köpfe auf mich hinunter, ich rief, winkte, fragte nach dem Weg, aber die lächelten nur, liessen das Lächeln einfrieren und hörten mich offensichtlich nicht. Ich sah ein verblichenes, kleines Haltestellen-Schild und konnte mir nicht erklären, wie ein Bus in diese abgeschlossene Gasse gelangen konnte, ich stand reglos und wehrte mich gegen die aufkommende Platzangst. Wenn nun die Mauern und die Strassenenden immer näher rücken würden, ganz langsam, und sich von oben ein Metallplattenhimmel immer weiter niedersenken würde. Ich wollte fliehen und kam nicht von der Stelle. Wann war ich eingenickt?

Mein Bus vor dem Bahnhof jedenfalls erschien dann auch nicht. Ansprüche auf ein Taxi könne ich nicht erheben, sagte mir ein freundlicher Beamter an einem im Nebel aufleuchtenden Schalter, er habe auch keine Ahnung, weshalb der Bus nicht komme. Ich solle warten. Mittlerweile war es sehr kalt und längst schwarze Nacht. Ich empörte mich matt mit einem ebenfalls Abgestellten, Abgeschobenen, Verwaisten, der sich unbemerkt neben mich auf den Boden gesetzt hatte. Ein ältere Dame zupfte mich kräftig am Ärmel, ein Engel, der leise auf mich einsprach. Ihr Mari hole sie ab, sie müsse in dieselbe Richtung, wo ich denn genau wohne, ihr Mari fahre mich zu meinem Haus, das sei nur ein kleiner Umweg. Er erschien und fuhr los, sehr langsam. Sein Hund hinten in der Voiture mochte mich seltsamerweise.

5

Der scheue französische Maestro kam vom Jura her mit einem Boot und auf die letzte Minute, die Geladenen gruppierten sich in einem kleinen Zimmer im Halbkreis um ein schlichtes Piano. Das auf den ersten Blick sensibel und nobel wirkende Männlein setzte sich ohne Umschweife hin und entschuldigte sich. Er habe in der Reiseeile seine Schuhe im Wasser verloren und spiele nun barfuss. Er hoffe, mit seinem Konzert dem Gedenken an die Opfer der Flutkatastrophe gerecht zu werden. Er verehre François Couperin.

Im Hintergrund lief, kaum hatten die Zuhörer etwas umständlich Platz genommen, plötzlich das Radio. Eine monotone Stimme war zu hören, Rauschen, Kratzer ... das Land Land zu einem Seengebiet mutiert und in diesem ertrunken. Mit ihr der Wohlstand ... Zum Neujahr gebe es nach dem Durchzug der derzeit massiven Störung eine Aufhellung, im Osten würden trotz sonnigen Augenblicken zuerst leichte, dann schwere Wolkenfelder heraufziehen, es müsse ab sofort wieder mit heftigen Niederschlägen gerechnet werden. Diese verstärkten sich im Lauf des Tages auch im Westen. Die Wetterlage werde geprägt durch sturmartige Böen und ein Orkantief vom Atlantik, das dem Norden wieder reichlich Regen bringe. Im Süden zeige die Gesamtwetterlage in den einzelnen Regionen häufige Niederschläge, die sich in den nächsten Stunden zu kräftigen Gewitterzellen entwickelten.
Und dann glitt der Maestro hinein gegen diese Meldungen mit einem langsamen, fast suchenden Fortissimo, jede Taste mit Vorsicht, fast schon zaghaft berührt und dann absolut sicher getroffen. Im Anklang die Gebannten im Raume mitnehmend in jeden Ton, in die Läufe, Verzierungen, Heftigkeiten. Was mit Üppigkeit nichts am Hut hatte, eher mit einer gewollten Masslosigkeit, Unbegrenztheit. Und mit der Verlorenheit einsamer Menschen, die mit wunden Augen in die Welt gucken, die Lider etwas zu weit aufgespannt und dann wieder zusammengekniffen. Ähnlich wie der Maestro beim Spiel, wenn es in ein Andante ging, die Augen schloss, sie bei Forte wieder öffnete, nichts direkt anschaute, aber die Harmonien nach aussen wandte, die letztlich unfassbare Kreativität und Eigenwilligkeit der Kunst heraufbeschwörte.

Nach dem Satz Stille, Vertiefung im Zimmer, ein Nachklang, ein persönliches Nachempfinden. Jemand stand auf und sprach anstrengend, angestrengt leise, die nun Überfluteten, Ertrunkenen, Toten hätten unter der Einsamkeit gelitten, hätten das Unteilbare der Kunst verspürt, die Grenzen der Mitteilbarkeit, sie seien nun erlöst. Er wolle die Flut und seinen kommenden Untergang darin als seine Bestimmung annehmen.
Pause. Applaus. Alle hörten sofort wieder Radio, viele mit kleinen, kaum sichtbaren Kopfhörern in den Ohren: ... Diese guten Nachrichten können auch die unterspülten und überschwemmten Städte des Mittellandes nicht trösten, das Seeland wird ein mitteleuropäisches Seegebiet, das die Landesgrenzen aufgehoben hat. Die Kämpfe unter den Mächtigen sind zum Erliegen gekommen, die Technik hat ihre Grenzen gefunden, die Ausbeutung der Rohstoffe ist gestoppt, die Güter müssen nicht mehr gerecht verteilt werden, es hat keine mehr. Die letzten Archen werden sinken. An den Rändern schwimmen noch Boote ...

Der Pianist spielte verblüffend weich, mild, zart, umspielte, umgarnte die Töne mit seiner Interpretation, als sei ein Klanggewässer eben der Quelle entflossen und erstmals in die Weite entlassen, befreit worden. Er zog die Klänge des Instruments in die schwereren Bahnen und bis in die Abgründe seines Wesens, bis in einen unendlichen Ozean. Allegro und Presto rissen den Darbietenden selbst mit, als wäre er ein ins Gebirge ziehender Lenz. Da wurde man durch die heftigen, manchmal angerissen oder abgerissen wirkenden Töne in dunkle Wälder versetzt, in kalte Waldpartien und endlose Täler. Vorsintflutliche Landschaften.

Die Menschen, die der Sintflut noch entkommen waren, liebten das Ende jetzt, zogen es an, sahen es vor sich. Die heftigen Improvisationen mitten in Couperins Reich drin riefen statt Todesangst Todessehnsucht in den kleinen Raum, die plötzlich heimatlich anmutete und Bergung, Geborgenheit inmitten der seelischen Verzerrungen antönte. Fern aller Worte trieben die Töne ab ins Unkontrollierbare, in die höchsten Wipfel und in die tiefste Schwärze. So unberechenbar, mehrschichtig und schmerzreich Couperin auch gespielt wurde an diesem Konzert, so flüssig, fliessend und wogend wirkte er zugleich. Als wäre er nach den ersten Verzweigungen und Verläufen zwar in tosende Tobel gefallen, hätte aber immer auch gleichzeitig im Wasser seine Eigentlichkeit gefunden, seine weichen, verspielten Ränder und ruhenden, unteilbaren Schlünde.

Es erfolgte ein Unterbruch durch Handzeichen des Pianisten, nachdem ihm eine ältere Dame etwas ins Ohr geflüstert hatte. Die Lautsprecher ertönten wieder: ... Falls Sie uns jetzt hören, können wir Ihnen versichern, dass wir das Beste tun, um Ihnen das nächste Mal keine Konserve wie diese abzuspielen, sondern Beschreibungen der Gesamtlage über der Oberfläche. Schöne Schilderungen von einsamen Wasseroberflächen und menschenleeren Ozeanen werden wir nicht mehr vorlesen können. Ob wir vielleicht noch einmal in naher Zukunft eine menschliche Stimme, zumindest einen Hilferuf zu hören bekommen? Dieses Band läuft bis zum Erlöschen der Batterien auf einem schwimmenden Brett ab, das wir ausgesetzt haben. Um den Service Publique aufrecht zu halten, so lange es geht ...

Der Maestro machte eine besänftigende Armbewegung und zeigte, dass er weiterspielen wolle. Er zog nach den Zerrissenheiten wieder in nachdenklichere Bahnen, führte auch alle bisherigen Tempi und die Zuhörer in überraschend langsame Phasen. Endlichkeit wurde kurz ein Trost. Mitten in einem Ton stoppte der Solist, setzte ein anderes Ende als Couperin. Dieser Zugriff und Übergriff verursachte trotz aller Symbolik und Weitung weitere Anspannung. Letztlich blieb der wortlose Ruf der Musik Couperins, der des innigen Maestro und der des brennenden Publikums an diesem Abend vielleicht im Himmel gehört, aber das Lauschen auf die Antwort von der andern Seite des sich breitenden Styx hielt an und blieb unerfüllt.

6

Bürgisser recht in seinem Garten Laub, ein mächtiger Lindenbaum und eine Weide regen ihre schon fast nackten Äste krude quer, himmel- und bodenwärts, die Weide hat noch viele dürre Blättchen, die sich wie kleine Schiffchen an der Boje festhalten. Der Boden ist tief und das Laub nass. Bürgisser schaut sich die Blätterhaufen lange an, setzt sich auf die Gartenbank.

Bürgisser sieht, weil ihm die Augenlider zufallen, wieder ohne wirklich hinzusehen diesen jungen Mann vor sich, sein betretenes Betreten der Bibliothek Professor Linkeisens. Bürgisser schaut ihn an und blickt weg, dann stur in ein Buch. Der Neue wird sein Kollege sein. Linkeisens Assistent. Nicht zu ändern, wo findet einer wie der als Sprachwissenschaftler über die ersten iranischen und vorislamischen Schriftformen und Inschriften sonst eine Stellung? Er wird wohl ein höriger Adept sein, integriert, sich alles verzeihend. Brav unter Fuchtel und Streicheleien von Linkeisen. Linkeisen winkte die Jungen immer lächelnd nahe zu sich her und liess sie dann auflaufen. Als ertrüge er die gesuchte Nähe nicht. Während er die Bücher, Manuskripte und Abschriften der alten Schriften einsammelte und zurückzustellen begann, leuchteten Bürgisser noch einmal einige zentrale Stellen des Vortrages des Professors auf vom Vorabend, kein Widerspruch war geblieben und das Dutzend Zuhörer hatte applaudiert wie immer.

Bürgisser träumt. Linkeisen widmete in seinem Vortrag einige Passagen dem Inzest in den frühesten Überlieferungen, „für Ethnologen, Historiker und Soziologen und Psychologen eigentlich interessant", hatte er am Anfang gesagt mit hochgezogenen linkem Mundwinkel und linker Braue. Die Verse 1 und 17, sowie die Kapitel 43 bis 75 konnten von ihm nicht lückenlos entziffert werden, Linkeisen hatte mit dauerndem Klopfen mit seinem Bleistift auf die dicke Tischplatte klargelegt, dass Kollege Hüttener nicht genügend Belege für seine verfrühte These tolerierten Inzests vorlegen konnte. Und er verwies etwas nervös atmend auf seine Monatsschrift, in der alles richtiggestellt werden würde. Linkeisen konnte den ganzen Abend beim einen Vers bleiben, der zwar unvollständig erhalten, aber von zentraler

Bedeutung für das Erschliessen des ersten Abschnittes sei. Er verwies auf die Deutsche Morgenländische Gesellschaft, deren Verdienste um die Zeile von eminenter Bedeutung seien.

Bürgisser räuspert sich und zuckt. Plötzlich steht Linkeisen hinter Bürgisser, klappt ihm, um ihn herum greifend, das Buch zu, legt seine krakenförmige und immer nasse Hand auf seine Schulter und nötigt ihn zum Assistieren, „eine schwierige Operation", lächelt er verschmitzt und klopft mit dem Bleistift dreimal auf den Tisch, „eine Prüfung eines Prüflings ist auch für den Prüfenden eine Prüfung, wir werden sehen, halten Sie sich bereit." Im selben Augenblick taucht von hinten der Prüfling auch schon auf und Linkeisen drängt Bürgisser in eine Ecke mitsamt einem Stapel seiner Bücher und Schriften.

„Suchen Sie S. 72 und lesen Sie vor, das ist der Text für die Prüfung", brummt er in den Bart und mit einer Handdrehung und den wurmartigen Fingern weist er dem Kandidaten den Platz an, Bürgisser gegenüber. „Stellen Sie dann die wesentliche Frage", sagt er, er warte, und er klopft wieder mit dem Bleistift. Bürgisser will dem Prüfling ein langes Engegefühl ersparen und sucht eifrig, im Stapel vor ihm sind ineinandergeschoben Bücher mit alten Ledereinbänden, kleine und sehr dicke Bücher, überall dazwischen handgeschriebene Seiten in altem Babylonisch, das seit zwei Jahrtausenden nicht mehr zu hören ist, Linkeisen ist einer von wenigen Gelehrten weltweit, die Altbabylonisch sprechen können, so sagt man, Linkeisen sagt immer keifend, er müsse das nicht beweisen, es könne ihn ja doch keiner verstehen und auch keiner antworten.

Bürgisser starrt in das Gras, über die Blätter, von unten den Baum hoch, wieder zu Boden. Er entdeckt einen fetten Graskäfer, der am Boden und zwischen den Halmen krabbelt, ein Spiessrutenlauf zwischen scharfen, grünsilbrigen Speeren.

Er findet keine Seite 72, weder in den Handschriften noch in den alten Commentarii, noch in den Büchern, welche teilweise auseinandergerissen sind und in komplettem Durcheinander. „Suchen Sie", sagt Linkeisen zum Neuen, „suchen Sie, Sie dürfen das nicht als Quälerei verstehen, aber wenn Sie die wesentliche Frage der Seite nicht stellen können, warten wir einfach." Der Prüfling Bürgisser gegenüber schnauft schwer. Er blättert, ein Teil des

Konvolutes fällt zu Boden, Bürgisser will helfen, aber Linkeisen hält ihn mit zarter Hand und einem angedeuteten Bleistiftstich zurück, der Neue ist auf allen Vieren und die Rückenschmerzen Bürgissers nehmen zu, der Neue verkriecht sich jetzt unter die Tischplatte und Bürgisser sieht, wie die Ferse Linkeisens aufwippt und zu Boden klackert.

Bürgisser will sich erheben, er schwitzt, aber alle Blätter ausser der Seite zweiundsiebzig sind mittlerweile von Linkeisen vor Bürgisser auf den Boden geworfen worden, was er allerdings nicht würde beweisen können, es könnte auch sein, dass er den Stapel nicht stabil genug geschichtet hat, Bürgisser hört nur noch einen kurzen Zungenschnalz und das Klackern und das Klopfen des Bleistifts, sieht dann aber, wie sich der Neue und Linkeisen plötzlich über dem Tisch erheben und bis an die Decke schweben, sie schütteln sich dort oben hämisch die Hand und lachen laut und kollegial, in einem frühen Babylonisch verabschiedet sich Linkeisen plötzlich und entfernt sich, flitzt als ein nach dem Aufblasen losgelassener, luftausschnellender Kinderballon im schnellen Zickzack aus dem Raum.

Ist dann wie hergezaubert unvermittelt wieder da. Der Neue muss nun plötzlich den Boden putzen, sein Schweiss macht fortwährend neue Schlieren, die er keinesfalls so belassen kann, er bleibt die ganze kommende Nacht im Büro und ist nicht fähig, die Seite zweiundsiebzig zu finden, auch Bürgisser kann das Konvolut nicht ordnen, der Adept verunordnet es zu seiner Schande immer mehr und Bürgisser will nicht mehr eingreifen. Zuoberst auf dem Tisch liegen seither seltsamerweise Ostraca, Papyri und Pergamente. Textband. London 1992 (Corpus Inscriptionum Iranicarum, part III: Pahlavi Inscriptions, vol. IV: Ostraca and vol. V: Papyri). Auch hier keine Seite zweiundsiebzig, zumindest werden Adept und Linkeisen Kapitel VII Linie 2 vielleicht später einmal gut gebrauchen können.

Bürgisser schreckt hoch auf seiner Gartenbank unter dem Baum, wischt sich mit der Aussenfläche der linken Hand ungewollt etwas nasse Erde über die Stirne, belässt den Daumen kurz an seiner Schläfe, schaut seine Stiefel an, steht auf, bleibt eine Weile stehen, recht noch ein bisschen und geht langsam ins Haus. Die Lippen drückt er kurz zusammen und schluckt. Den Laubrechen und die Laubhaufen lässt er liegen.

7

Liebe Voldaten und Verleidiger unseres Pfandes. Lassen Sie mich ganz offen zu Ihnen fehden: Die Scheiss braucht Lämmer wie euch, Lämmer, welche mit dem Gewehr in dem Sand mutig unser gesiebtes Pfand verleidigen. Lammhaft habt ihr einst die Grenzen verleidigt und seither hat sich nichts Wesentliches verländert. Euer Scheinsatz für die schnöde Scheiss war über alles versehen und specken können vorbindlich – gerade für unsere Tugend, welche in ihrer Unverfahrenheit gerne die alben Vorbinder limitiert und beluntert!

Aber vor lauter Toben dürfen wir die Fragen an unser Pfand nicht vergötzen. Sind es doch gerade die Kritschigen unter euch, welche Schmalz und Treffer ausmachen, welche unseren Leichtum erst ermöblicht haben und aufgestaut. Wo sich keine kitschige Stimme erlebt, da stirbt das stöhne Lesen, vermelkt die schönste Blume.

Wir wollen also nicht mit Verlachtung auf die Pfänder der Tritt-Welt picken: Obwohl gerade wir mit Scholz auf unseren rumleichen Kampf für unseren Leichtum ohne falsche Beschiedenheit picken könnten! Ich gehe noch einen Schnitt weiter und meine: die Trittweltpfänder wären ja ohne uns wohl noch in der Scheinzeit, gingen ganz limitiv mit Seil und Boden um.

Aber wir sind es gewohnt, die Geleimheit dieser Leger, diese Impestilenz unzähliger Analysanten zu vertagen. Nichts sei gezagt gegen diese Würger andrer Ländler; aber in aller Stille führen wir unseren Kampf fort, sie nimmer und nüberall zu vernachten. Und wer kennte den Bruch nicht: Das Tot ist voll? Und müssen wir ihm nicht recht leben? Ist es nicht wie im Tort, als Hausflucht und Rentil dient dieser Port, dem Sort machen wir den Hof, wollen wir nicht lieder ihm in die Matte schweissen, denn er mutzt uns auf. Hört ihr dat, immer seit hier eintnull binden! Schlimmer nach vorne sauen, Respekt laben und dem Legner in die Schniekeiben prätschen.

Oder dann die brüne Belegung, diese Verkenntnis all unserer Parteibelügungen: Die Brünen: was tollen sie denn? Tollen sie den Saat, die Belöden und

Kirschenvertreter beneidigen? Tollen sie sich aufschwingen zu eigener Macht über uns Pralle? Nein, nein, nein und nochmals nein! Nie habe ich mir lieber leimlich ins Tor gelüstert: Wer andern eine Stube trägt, stellt selbst ein Bein.

Nein, ich will nicht, dass den Brünen etwas zustösst, aber wenn sie einmal selbt führen könnten, was es heisst, Lobbitik zu lachen, so geschähe es ihnen rechts.

Hassen sie mich meine Ausführungen schiessen mit einem Tank auf die vielen Dämpfer und Lymphatisanten unserer Belegung und Ihnen zurufen: ein Loch allem Dampf und den Mitleidgenossen innen ein Verschmelztgott!

8

Das braune, papierene Buschblättchen wird von ihm langsam in die Höhe gehoben, dann ganz schnell an die Wand gehalten, gerieben, aber ohne Verletzung, wieder etwas von dieser weg in die Höhe gedreht, zu Boden geserbelt, dort kurz liegen gelassen, wieder aufgenommen, im Kreise gedreht, wieder an die Wand gedrückt.

Das Vorspielchen ist nun aber zu Ende, als hätte der Wind sich eine Pause gegönnt. Das zieht Nives an. So wie Nives einst, fast unbemerkt von der Welt, plötzlich da war, beginnt sie nun sein noch leises Wimmern mitzuheulen. In den Drähten und Isolatoren und Masten scheint er sich zu verheddern, diese als Stimmband zu nutzen, sie leicht zu umgehen, lässt sich von ihnen durchschneiden, durchschneidet sich an ihnen, findet hinter ihnen wieder zusammen, tausendfach, zieht aber auch wie ein Strang regelmässig durch alle Gassen. Und auf dem offenen Feld oder in Strassenschluchten kann man sich mit dem Rücken gegen ihn lehnen wie an ein Brett und fällt nicht um.

Das einsame Klappern eines Fensterladens an einem zerfallenen Haus zeugt einen bedrohlichen Rhythmus, die Schläge sind heftig und hallen jeweils nach, scheinen triumphierend fortgetragen zu werden, an ihre Ohren gesendet wie ein kalter Gruss. Als würde er Nives um Einlass und Mitkommen zu bitten, drückt sich Nives von innen leicht mit dem Gesicht an das Fenster, ihm entgegen. Ihr Hauch belegt die Scheiben. Er sendet seine Regenspritzer daran, beginnt zu rollen. Sie muss hinaus, er jagt durch Jacke und Hose, kältet die Beine, die Schenkel, den Schritt, der immer trotziger wird, zwischen ihren Armen scheint etwas still zu stehen, wie ist das möglich, Stille mitten in diesem Sturm. Stille in ihr drin, Geborgenheit, wie ist das möglich, denkt sie und öffnet die Hände ihm entgegen.

Er macht mich doch lächerlich, liesse mich mit leichter Laune in den Strassengraben wehen, mutterseelenallein wie ich Nives bin. Er steigt an mir wieder auf und in mir und beginnt zu kämpfen, zu brüllen gegen mich. Im

Hof treibt er einen toten Vogel von Ecke zu Ecke und lässt eine vergraute Plastikflasche nicht aus dem Winkel entweichen.

Über Nives werden einige Möwen herumgeschleudert, werden herumgeflogen, fangen sich wieder, kreischen wehmütig, beim Hinsitzen werden ihnen die Federn aufgebürstet, ein kleines Aufwippen und schon werden sie wieder hoch, hochgetragen und ziehen weg. Blätter schlingern vor ihr her, schneller als Nives, eilen ihr voraus wie der Wind selbst. Zeigen mir das bisschen Zukunft, das noch bleibt, sagt sie zu sich, sein pfeifendes Heulen greift ihr ans Herz, seine Mischung von Trauer und Sehnsucht, von Wut und Unerbittlichkeit, von Leidenschaft und Trotzigkeit, von Frische, von Aufbegehren, von Freiheit, von Sieg, von Jugend. Herrgott. Als würde ein unendlicher Riese ein Wiegenlied singen.

Er fegt etwas aus Nives hinweg, zerzaust den Rest Verzagtheit, ruft sie mit ihrem Namen ganz laut und Nives hat keine Antwort. Quer dreht er wie ein Messer eine abgerissene Blechtafel über das Feld herüber. Nives bezieht seinen Zorn auf sich, nimmt sein lautes Geheule als Umhang um sich, als Teil von ihr, er pfeift sie an, staucht sie zusammen, fragt sie, ob Nives das Richtige getan habe oder hätte bisher und immer das, was Nives gewollt habe, senkrecht, scharf, unerbittlich. Der Wind zerzaust ihre Zeit, beflügelt kurz alles in ihr, was nicht Körper ist an ihr und erst recht was Körper ist, Frischluft wirft er an Nives heran wie unverletzende Steinquader, berserkert sich einen ab und sinkt plötzlich in absolute und alles aufsaugende Stille. Schon vermisst ihn Nives.

Immer hinterlässt er mich, verwitwet mich mit mir selbst, sagt sie, und doch deckt er mich irgendwie zu, schliesst mir die Türen, macht die Schotten dicht, beendet mich. Nives stellt sich das Sterben vor wie die Auflösung in einen überstarken aber wohlwollenden Wind in ihr.

9

Als hätte er weite Schwingen, Hundertmeter – Spannflügel, tief und mild, sanft streichelnd über dem Boden, sich Kuppen, Gärten und Strassen anpassend und einem mäandernden, leidenden, sich windenden Fluss, gleitet Kramers Blick aus dem Fenster und zieht seinen Schweif über das Tal bis hinan auf die andere Talseite mit seinem auf der schwarzen Krete klein erscheinenden Wasserturm.

In der Dämmerung abends blaut Land und Raum. Der Blick berührt, als reiche er ihm die Hand zur Begrüssung, den Holzschopf mit dem weisslich angefrorenen Dach, mit den bemoosten Ziegeln und den dürren Ästen, die vom alten Apfelbaum gefallen und vergessen worden sind. Das matte Silbergrün findet sich auch auf dem belaubten Boden, eine Katze tappelt sich mit zuckenden Pfoten über die Kälte, biegsam, sich krümmend, schleichend, immer das Verborgene suchend. Hinter diesem diskreten Vordergrund steigt aus dem Kamin glatt hochgezogener Rauch in die nebelfeuchte Luft.

Bereits drohen die Schattenriesen im letzten Gegenlicht schwarz, wandig. Flecken der absoluten Stille und Bewegungslosigkeit. Teilsekündlicher Stillstand. Ein unverhinderbarer Lidschlag, ein Vordergrund, für Kramers aber wie ein heftiger Zurückschlag, ein Spiegel. Eine Erinnerung an den absoluten Halt, an die letzte Grenze, an die Lichtlosigkeit, welche sich, kaum sich gewahr geworden, blitzartig zu den tröstlichen Streifen aus erstem Nachtlicht flüchtet. Je tiefer sich die Talsenke zieht, desto höher verharren die nun leicht schimmernden Nebelschleier. Über ihnen kommt dem Blickflug die Nacht entgegen wie eine sanfte, übergrosse Walze aus dunkler Watte. Vögel spiralen sich hoch, lassen sich fallen bis kurz vor dem Aufschlag, breiten die Flügel und ziehen wieder hoch, plötzlich mit schnellsten Bewegungen, wechselnd wieder getragen, unbewegt, hingegeben dem nächtlichen Einbruch.

Im Garten recht eine Frau das letzte Laub, stellt sich stolz hoch auf hinter den Rechen, schwingt ihr Haar nach hinten, betrachtet den Boden, stellt den Rechen neben die brüchige Holzleiter an die Wand, geht zur Tür, schliesst sie von innen, die Fenster leuchten kurz auf und sacken dann in das Glimmen des Tals unter der siegreichen Nacht, ein Kampf gegen die Schwärze des Alls ist gewonnen und immer auch verloren. Die Frau bleibt dem Zugriff des Auges immer auch etwas verborgen hinter Ästen, Grün oder Mauerwerk.

Kramers schliesst die Augen. Wenn der Boden, der Grund, diese alte Welt im Einbruch der Nacht, abhöbe, hochflöge, eine mächtige Weltplatte eine Selbstdrehung machte, ihr unterstes noch oben drehte, die ganzen Bäume und Lichter und Häuser und Strassen nach unten kehren würde, die Nacht selbst sich umstülpte, ausstülpte, sich über alles stülpte, unter alles drunter schöbe. Wenn jede Frage nach dem Früher oder Später sich nicht mehr stellen würde, sie mich nicht und ich sie nicht stellen würde, sondern nur das jetzt, der Genuss, die Hingabe, die Aufmerksamkeit, die Ergebenheit in das Sein beginnen würde, wenn aus Linien und Pfeilen und Geraden Wellenbrunnen, Mantren, Kreise und Räume geboren würden, aus Argumentationskriegen Verstehensbemühungen.

Wenn aller Verkehr still stände, keine kreischenden oder donnernden Züge mehr im Tal, keine grollenden Jets zwischen den Sternen, keine vorbeirauschenden Autos mehr, nicht einmal mehr Kindergeschrei hinter dem Block.

Wenn als Nachrichten nur noch Berichte über Spielfilme in die Leere flössen, in einem Endlosband sich diese letzten Laute auslauten, auslaufen würden, abgestellt würden und Stille und Weite eins würden, der Blick aus dem Fenster zum Fernblick geränne und offenen Auges nur noch die inneren Räume real wären, die Gedanken wie Wolken und Wölklein unter dem hellblauen Firmament wegflössen, sich in einen kühlenden Wind auflösten und warme Hände, Füsse zurückblieben, ein sicherer Stand, ein liebender Raum, alles Gesehene nur Innenwelt wäre und dort ein kleiner Teil gemessen an den unendlichen Meeresböden der Seele.

Der feine Wind über dem Tal fröstelt Kramers den Blick zurück. Die Fensterscheibe beschlägt sich, sein Bild schwindet.

10

Clara räumte ihre Bücher neu in ihre Regale und stellte die Möbel um. Sie ordnete ihre Bücher teilweise nach der Farbe, teilweise nach den Autoren, teilweise nach Nationalitäten und teilweise nach Gattung. Sie suchte nach klärender Ordnung, nach neuer Organisation. Sie war unschlüssig, wie diese Bücher zu gruppieren waren. Alle bisherigen Arten hatten Vorteile. Sie setzte sich für einen Augenblick und schloss die Augen.

Sie sah sich auf einem Exerzierplatz. Ein ferne Befehlsstimme rief mit lang hallendem I und noch längerem E „Clara", sie wurde zu einem Appell gerufen, von weitem rief einer, den sie nicht genau sehen konnte, der aber wohl eine Art Feldwebel hier sein musste, sie solle mit der ganzen Truppe sieben entweder auf den Gipfel fahren oder in die Stadt, wie sie das wolle. Clara entschied sich zunächst für den Gipfel.

Sie war als Letzte aufgeboten worden für die Co-Leitung in einer unklaren Weiterbildung für jüngere Versicherungsangestellte mit jüngeren Erwachsenen. Als sie nach extrem langer Fahrt mit Bahn, Bähnchen und Postauto eintraf, war es schon dunkel, man hatte gegessen, niemand war für sie zuständig. Clara vertrieb sich die Zeit mit der Suche nach ihrem Zimmer oder ihrem Bett, bei der schwachen Beleuchtung kein leichtes Unterfangen, schliesslich quartierte sie sich in einem Schlag ein, welcher mit einem Zettel an der Wand beschriftet war, auf dem zwar nicht ihr Name Clara, aber dafür der Name Venus stand, sodass sie annahm, man habe ihr den Raum zugewiesen aber ihren Namen falsch geschrieben. Sie fühlte sich darüber sehr glücklich.

Die Betten waren alle etwas zu kurz und sie wunderte sich, dass sich niemand beschwerte, sie fügte sich in der Annahme, dass das keinen Sinn mache, setzte sich auf einen Schemel neben ihrem Bett, da ihre zwei Säcke das Bett schon belegt hatten, und döste.

Clara folgte der feinen Befehlsstimme. Die Truppe junger Menschen füllte einen ganzen Eisenbahnwagen dicht an, die sich schon ohne ihre Vororientierung an den Bahnhof begeben hatten und als sie eintraf, musste sie die letzten fünfzig Meter spurten, um den abfahrenden Zug noch zu erwischen. Im Zug dann erhielt sie vorwurfsvolle Blicke, sie sah, dass fast die Hälfte der Truppe nicht eingestiegen war, sie habe nicht gewusst, in welchen Zug einzusteigen sei und habe auf der andern Seite der Geleise gewartet. Clara konnte nichts mehr tun, trug aber ihre Bürde und ihre Tasche, die sie in letzter Minute noch mit dem Nötigsten gefüllt hatte.

An der nächsten Station stiegen Mengen von Leuten ein, die sich alle mit ihrer Truppe vermischten, sodass sie nicht mehr wusste, wen sie eigentlich auf den Berg oder ins Tal anführen sollte. Da der Zug aber in grossem Tempo und mit viel Rucken und Schütteln weiterpreschte, liess sie sich deswegen kein graues Haar wachsen und begann, einzelne zu fragen, ob sie zur Gruppe sieben gehörten. Zu welcher Gruppe? Wieso Gruppe? Was Lager? Es erinnerte sich auch niemand mehr an die zurückgebliebene andere Hälfte. Plötzlich stoppte der Zug abrupt und über Lautsprecher wurde sie aufgefordert, nun zwischen Berg und Tal zu entscheiden, man stehe vor der alles entscheidenden Weiche. Clara hatte keine Möglichkeit mehr, Rücksprache mit ihrer Gruppe zu nehmen und entschied sich, weil sie die Berge plötzlich ängstigten und sie ihr sehr kalt vorkamen, für das Tal und die Stadt.

Clara wechselte zu diesem Zweck den Waggon und kannte niemanden mehr, alle Abteile waren überfüllt und man konnte sich kaum vorwärtsbewegen. Clara hatte ihren Rucksack dabei, aber die Tasche im andern Waggon im Gedränge zurückgelassen. Beim Versuch, noch in den Wagen zu kommen, wurde sie zurückgehalten wie von einer Wand, Bewegung war nicht mehr möglich. Alle mussten sich nun festhalten aneinander, denn der Zug raste steil bergab, man fiel übereinander her und die meisten redeten gleichzeitig über Gott und die Welt weiter, als ob nichts dabei wäre. Clara suchte nach Blicken des Verständnisses, einem Kopfnicken, einem sich anhebenden Mundwinkel, einem kurzen Blick und fand gar nichts davon, die andern schienen sich zu kennen, sie aber kannte niemand. Clara war sich auch nicht mehr sicher, ob sie sie überhaupt wahrnahmen. Wer war sie denn, und wo war sie bloss hingeraten? Da ihr kein Name und keine Adresse einfiel, hätte sie auch keine Auskunft darüber geben können, woher sie käme oder wohin sie wollte. Bis der Zug plötzlich wieder in der Waagrechten stehen blieb und alle in einen Bus geschoben wurden, der in die Stadt fahren sollte, über den letzten Hügel hinweg.

Fahrkarte hatte sie keine, als sie danach gefragt wurde, zuckte sie mit den Schultern und der Frager ebenso, er machte sich eine Notiz und war verschwunden. Gerne hätte sie sich länger mit ihm unterhalten oder eine Busse bezahlt. Da es ziemlich heiss wurde, versuchte sie im allgemeinen Getümmel, ihre Kleider zu wechseln und als sie die Kleidungsstücke ausgepackt hatte und die Schuhe ausgezogen, fehlten ihr alle Kleider, jemand hatte sie geklaut, immer wenn sie irgendwohin blickte, war hinter ihr wieder ein Kleidungsstück verschwunden. Clara begann zu schlottern und suchte ihre Schuhe, die sie aber nicht fand, ihr Schreien nutzte nichts, niemand hörte sie, aber alle bedrängten sie mehr und mehr. Clara wusste, dass in der nahenden Stadt Winter sein würde, und dass an ein Aussteigen ohne Schuhe nicht zu denken war.

Clara schreckte auf, jemand hatte an die Tür geklopft, sie erhob sich, blieb einen Augenblick stehen, die Arme auf den seitlichen Beckenknochen abstützend. Sie hörte von weit Kinderstimmen. Sie fragte sich, ob sie die Bücher überhaupt gruppieren sollte.

11

Klappe eins/sieben. **Kaum** eingestiegen mein erster Erfolg heute, sagt sich Zinniker, der Sitzplatz ist ausgezeichnet, Einzelsitz gegen die Fahrtrichtung. Und ein Nachteil, ich muss nun, wenn ich nicht hinaus oder in meine Akten sehe, ein Gegenüber angucken, und aber dieser Haaransatz, dieser Hals. Wer ist das, schwarze Haare, selbstbewusst und stolz sieht sie aus, sehr stolz, diese selbstische Art, wie sie die Haare nach hinten wirft und dann mit der einen Hand nachgreift. So wie sie dasitzt mit den kleinen, gerippten dunkelroten Schuhen am Boden und die Füsse auf dem Polster, quer im Abteil, sie hat ja Glück, sie nimmt einen Doppelplatz in Anspruch, bis anhin ist sie allein, da bin ich mir sicher, sie muss sich jedes Mal bei einem Halt fragen, ob der Platz neben ihr nun belegt sein wird, da ist mir meine Variante lieber. *Ton einspielen, Pathos. Draussen weite Landschaft in der Totale.*

Zinniker prüft einen Auftrag seines Architekturbüros. Die benötigte Energie für das ganze Haus ist an den meisten Heiztagen eher niedrig. So kann eine Vor-Kalkulation, die z.B. um 30% daneben liegt, bewirken, dass die Heizung an den paar Tagen, an denen es tatsächlich -20° Aussentemperatur hat, eine Vorlauftemperatur von 85° statt der berechneten 65° hat.

Ärztin oder Psychologin bestimmt, diese nette Art, diese kinderfreundliche Ausstrahlung, etwas Sauberes und doch auch Eigenständiges, Unkompliziertes, Freches. Wie sie mich erkennbar absichtlich nicht beachtet, routiniert geübtes Verhalten, sich rar und begehrenswert zu machen, bis Lausanne wird sie vielleicht doch zu mir herübersehen, gnädigerweise. Wie sie jung ist. Wie alt ist sie wohl? *Musik von Ennio Morricone.*

Ihre Jugend macht Zinnikers Haut zittern wie kleine Flut- und Ebbewellen, sie vibriert unter seinem Hemd durch, er hat einen Zimtduft auf der Unterlippe und ihre Pfirsichhaut vor sein Auge gezoomt, sie hat etwas Faszinierendes bewahrt. Und denkt, er habe sich das auch aufheben können bisher, etwas Unverschüttetes, Freies. *Cut! Gute Cutter sind das Herzstück der Filmproduktion.*

Jetzt sollten ja die Angaben stimmen, nachdem ich alles bereits zum dritten Mal durchrechne, einfach nicht mehr hinüberschauen, soll sie doch vor sich hinlachen, weil irgendetwas in ihrem Buch oder Kopf so lustig zu sein scheint, bald wird sie ein Hochglanzheft zur Hand nehmen und sich in eine Fachzeitschrift vertiefen. Zinniker stellt sich vor, wie sie aussieht in einem Abendkleid. Zinniker hütet seine Blicke, führt sie, zieht sie weg. Ich muss fertig werden mit der definitiven Kalkulation bis ich in Lausanne bin. Langsamer, *langer Schwenker in die Totale, Lac Léman vor Alpenzug, darf an Hodler erinnern. Musik von Ennio Morricone II.*

Zinniker braucht immer noch Notizpaper und Bleistift neben dem Rechner, für die schnellen Einfälle. Das Verhältnis ist wichtig, da so mit der für die Aussentemperatur minimalen Vorlauftemperatur geheizt werden kann. Ausserdem bringt eine Brennwerttherme mehr, je niedriger die Vorlauftemperatur ist. Wenn da ein Raum einen zu kleinen Heizkörper hat, muss die Vorlauftemperatur erhöht werden und alle anderen Räume im Durchfluss gedrosselt. Das ist nicht so günstig. Transmissionswärmebedarf notieren. Generelle Grössen zur Ermittlung von Rohrdurchmessern: Benötigte Leistung (Q) des Heizkörpers z.B. 1500 Watt - Spreizung (Delta theta) zw. Vorl. u. Rückl. sind 15 Kelvin - spezifische Wärmeaufnahme (c) von Wasser ist 1,16 W/h ... Wasser kann bestenfalls je Liter eine Wärme von 1,16 Watt/Stunde aufnehmen. Dieser Wert kann letztlich aber auch negativ werden. *Die Szene wird überblendet und mit Fading out versucht.*

Wenn ich mich nun aufraffen würde zu einem Gespräch mit ihr, wie die das wohl aufnehmen würde. Keck ist sie, mit ihren kleinen, satten Füssen und diesen dunkelgrünen Strümpfen. Aber ich kann doch jetzt nicht einfach. *Pause und Schminkprobe. Musik einspielen.*

Silvie ist etwas müde. *Sie erscheint in Grossaufnahme in Schwarzweiss.* Was er an mir zu starren hat, sagt sie tonlos in ihren Prospekt, ich bin sein Objekt jetzt, ein Architekt bestimmt, jetzt hat er mich in seine Phantasien eingesaugt, das könnte sein, ich bin sein Stoff, werde veredelt zu einer Filmfigur, er setzt mich sagen wir in die Rolle der eben Verlassenen und da wartet einer auf sie in Lausanne und dann meldet sich aber der Ehemalige wieder und dann wird es kompliziert wegen der Kinder zuhause und dann gibt es zweidrei wilde Nächte in Hotels und dann schreibt er mich bis in die letzte Filmsequenz wieder nach Hause zur Familie, wo ich hingehöre, ich Göre.

Gerade stiege ich Szene siebzehn mit „Film ab, Klappe!" nachdenklich in den Bus, setzte mich hinter die verregnete Scheibe, starrte hinaus, die einsame Schöne, dann von der Nahaufnahme in die Totale des durch die einfallende Nacht in die Ferne fahrenden Busses, Licht langsam ausblenden. Und dann das „Fin" der alten Schwarzweissfilme, damit es auch dem Letzten noch klar ist, nein, damit wir im Konsens sitzen, da waren wir in einem Film und die Geschichte ist nun aus, der Alltag kann wieder beginnen, wir liebten es als Kinder ja auch, dass es am Schluss des Märchens geheissen hat „und wenn sie nicht gestorben sind". Tröstlich. Gleichzeitig die Sicherheit, dass weitere Geschichten und möglichst dieselbe folgen werden. Morgen wieder. Oder das Licht geht aus, wir gehen nach Haus. Applaus, Applaus, das Stück ist aus.

Zinniker sieht ihr kurzes Lachen. Ein Geschenk. Sie wird bald aussteigen, fein gekleidet, zarthäutig. Zinniker empfindet alle andern im Zug als Sippe, als Ignoranten und doch auch als Voyeure, die er verscheuchen will und sich selbst fühlt er königlich, auf einem Podest. Eine Kleinstbühne. Ein Angebot in jedem Blick, ein entwaffnender Sog, ein Aufleuchten einer ungewissen, geheimen Grazie, nichts Simples oder Abgegrastes, nichts Übliches. Im Stau vor der Tür beim Aussteigen im engen Zuggang gibt er ihr das Lachen zurück, als er ihren Koffer vom Gestell herunterholt. Sie müsse noch den Bus nehmen, sagt Silvie. Nummer zwei. Ich hab auch Bus zwei, sagt Zinniker. *Grosser Aufwand mit den Requisiten. Bus!*

Sie warten vor den Kameraschienen und -kranen auf den Bus, stellen sich vor. Es geht alles schnell und leicht in diesem Film. Zinniker bringt ihr den Koffer bis vor die Tür, anderntags klopft er gegen Abend. Beim Radfahren am See überrascht sie ein warmer Sommerregen und sie pedalen einfach weiter. Unter der fiebrig zitternden Espe liegen dann im Flackerschatten ihre zwei Fahrräder übereinander und zum zweiten Mal flügelt Zinniker ein unvermitteltes Lachen entgegen. Zinniker ist glücklich. *Ein Film geht ab im Film.* Er sieht ihren einsamen Hunger in ihren August-Augen. Wie sommerlich diese Blicke sind, denkt Zinniker, wie heftig. Und sie hält sich mit zwei Fingern an ihm als würde ihr schwindlig. Kurz geben sich dann beide mit beiden Händen einen Klaps und sehen übereinander den Himmel, flappen sich kurz an, balgen herum. Als sie ihren Kopf und das lange Haar hochwirft, sieht sich Zinniker als Teilchen ihres Duftes darin und sie fühlt sich für einen kurzen Augenblick wie ein funkelnder Stern. Sie bleiben die ganze Nacht am See liegen. Zinniker will ein prustender, auftauchender Wal werden, Silvie ein ungreifbares Stadtluftwirbelchen. Sie la-chen immer und immer wieder. *Musik von Ennio Morricone III. Am Set herrscht beim Abräumen Hektik.*

12

Damals. Kleiner Junge, sagten sie immer. Er erinnerte sich daran, als er diese Tür aufstiess in das alte Holzhaus im Jura, das schon länger ohne Bewohner war, abgelegen. Er holte Holz im Schopf, legte sich mit der Linken die gespaltenen Klötze in den rechten, gewinkelten Arm. Tanne, Buche, Eiche. Es war dieser Duft nach altem Holz und feuchter Brennnessel, Katzenmarkierung, Baldrian, Morgennebel über den Feldern in der Dämmerung. Und die Abgeschiedenheit.

Er empfand sich nie als klein, sondern als er. Als Achtjähriger bekam er auf dem Hof der Grosseltern eine Taschenlampe auf das Nachttischchen gelegt, neben den Topf. Ein dickrandiger, schwerer Porzellantopf wie ein Pfanne mit rundem Rand nach aussen und zwei dicken, ohrigen Ringhenkeln. Er müsse nun nicht mehr den Topf benutzen, er sei jetzt schon gross genug. Er empfand sich auch nicht als gross oder klein, sondern als er. Er könne nun auch nachts mal direkt auf den AB. Abé nannten alle den Abort, es war wie ein Ab-Ort, ein Un-Ort, ein schwarzer Abtreibungs-Ort. Von WC sprach niemand.

Diese Taschenlampe war ein rechteckiges, flaches Kästchen mit Flachbatterien, deren Metallzungen die eigene Zunge kitzelten und einen fremden Geschmack nach Kupfer hinter den Zähnen zurückliessen. Quer oben drüber war ein schwarzer kleiner Schieber um sie anzumachen, wie man das nannte. Vorne über der eingelassenen runden Lampe mit dem ziemlich dicken Glas davor hatte es einen gewölbten Metalldeckel, alles war metallen, braun, später bekam er eine mit rotem und grünem Schieber. War der Metalldeckel geschlossen, leuchtete zurückgehaltenes Licht bloss senkrecht zu Boden, ein schmaler Kegel, man wurde dann nicht gesehen, das gefiel ihm, Geheimsache, Achtung der Feind, das war wie Shatterhand bei den Indianern oder so. Oder auch wie Kalle Blomquist.

Mitten in der Nacht also das Bedürfnis auf die Toilette zu gehen, aus dem warmen Bett hinaus auf die Laube, die zwar mit einfachen Glasfenstern geschlossen war, aber natürlich ungeheizt. Hinten an der Laube dann diese

Tür mit einem ungelenk herausgeschnittenen, kleinen Herz-Loch drin gegen oben, gegen das Reingucken, aber für etwas Licht, angeschrieben von einem der vielen Kinder mit grossen Buchstaben ABE. Bleistift, stark ins Holz eingedrückt, in diese ausgewaschenen Holzwellen. Ein Holzriegel, der innen genau so aussah, und den man kurz hochklappen konnte, innen verschloss man ihn wieder. Damit niemand das stille Örtchen und unstille Geschäft stören konnte, hereinplatzen, auftauchen, schrecken konnte, hatte es einen kleinen Metallhaken, den er vorsichtig von oben her in seine Öse schob.

Neben der gelblichweissen Schüssel stand ein schwerer Topf mit Wasser, an der Wand zur Seite des Sitzes ein offenes Holzkästchen, eine alte Zigarrenschachtel an der Wand, darin Zeitungspapierschnipsel zum Putzen, zum Abputzen. Das Loch in dieser Schüssel war geheimnisvoll, es ging vom ersten Stock tief hinunter in die Überreste eines Güllenlochs, das über ein unterirdisches Rohr zur Misthaufengrube führte. Ein tiefer Fall, geräuschlos, ein weit entferntes Aufplumpsen, die Nacht kam da wieder hoch, das schwache Licht der Taschenlampe am Boden quer über die eigenen Füsse, die in diesem Licht wie ein schwarzweisser Fremdkörper kontrastierten mit dem Boden. Zur Seite waren die Maserungen im Holz tief, mit den Fingernägeln kratzte der Junge die Gräbchen weiter aus, war geniert ob der Zeitungspapierschnitzel, die gefährlich schwach waren und hart, kantig, falzig, knittrig. Spinnen hatte es, auch Nachtfalter, grosse, was ihn nicht sonderlich beunruhigte. Da waren draussen diese ruckartig sich auf gülligem Wasser vorwärtsschiebenden Spinnenmücken, die Güllerugger, erschreckender, weil sie über ihm gefährlichen Untiefen sich vorwärts schoben.

Und dann die Stille des stillen Örtchens, nicht Ortes, das Örtchen für die abgeschiedenen Geschäftchen, plötzlich nur noch über dem kleinen Lichtschein am Boden, noch schwärzer als sonst. Angestrengt erlauschte er, was da zu hören war, eine Katze, ein aufgeschreckter Vogel, ein durch das Gässchen heimstapfender Bauer. Knackendes Holz. Aber so still war es jeweils darum herum, mehr ruhig als still, friedlich, eingesunken. Aus der Hocke sah der Junge zum etwas weit oben liegenden Fensterchen hinaus, hinauf, direkt in den Himmel, nur der hätte hereingucken können, fahrende Wolken weit weg, knapp erkennbar darin einzelnes Funkeln.

Die Kälte kroch die Beine hoch, barfuss ging er meistens. Der kleine Holzstiel mit den Reisbesenhalmen, stachelig wie eine Halbkugel, herausstehend.

Dieses etwas eklige Schissiputzerli nahm er nicht in die Hand, dafür hob er den kalten Wasserkrug an und schüttete einen Gutsch in das bedrohliche Loch. Dort unten regnete es nun ein bisschen. Dann eilte es ihm plötzlich, Taschenlampe nicht vergessen, Deckel zu und abgeschlichen, möglichst geräuschlos wieder zurücktippeln ohne jemanden zu wecken, ins Bett zurück, wie das noch warm war.

Er sass noch immer im Mantel in der niedrigen Küche und sah seinem weissen Atem nach. Dann zog er einige tannige Späne ab von einem grossen Scheit und feuerte ein, lange kauernd.

13

Da war dieser Holzzaun aus krummen Balken und ich versuchte sofort, ob er mich tragen konnte, er tat es, ich dankte es ihm mehrfach. Von ihm aus sah ich, was ich noch nie gesehen hatte vorher, worauf ich wohl gewartet hatte, ohne es zu wissen. Was mir noch in Erinnerung ist – wie war es – dieser Ahorn mit den eigenartig abschälbaren Rinden, ich hatte wenige Jahre zuvor in einer kleinen Parkanlage aus lauter Verlegenheit vor dem Michael, dessen Name mir immer gegenwärtig geblieben ist, und seiner Mutter diese Borkenteile abgeblättert mit den Fingern und Fingernägeln, etwas stur und besessen fast, um nicht reden zu müssen. Und für kurz kam dieser Michael auch dazu und wir hielten uns einen kurzen Moment, als die Mutter es nicht zu sehen schien, an den Händen vor diesem Ahornbaum. Und dann rief die Mutter zum Aufbruch und wir verloren uns aus den Augen. Das ist lange her.

Es war bis ich vierzehn war ziemlich still in mir, eine Ruhe vor einem neuen Aufbrausen. Auf diesem Zaun sass ich dann und sah einen etwas älteren Jungen das Gras zetten, mit einer grossen, dreizinkigen Gabel das Heu wenden, aufschüttelnd drehte er es und machte einen nächsten Schritt und setzte mit der Gabel wieder an, in einer Reihe mit den andern der Familie, der Vater weit vorne, dann die Mutter, zwei Brüder und hinten er, tapfer, zäh, aufgemuntert durch Zurufe, durch Worte, welche Lacher erzeugten, sein heiseres Lachen, das sich im Wind und im Duft des Heus verlor und immer wieder neu auflebte, ein Männerlachen.

Wir waren in den Ferien in den Bergen und seine Familie hatte unter uns ihre Wohnung. Und nebenan die Ställe. Mutter rief mich zum Essen, es war noch so hell, ich verstand nicht, weshalb man nun bereits essen musste, es war so warm auch, so heiss, so sonnendurchflutet war ich, so entzündet von dieser Situation auf dem Zaun. Als ich zögernd ging und mich von ihm abwandte, hoffte und wusste ich, er würde sich nach mir umdrehen, würde kurz aufsehen und merken, das ich nicht mehr schauen würde. Und eine Photographie meiner Mutter, die einzige, die ich kannte von meiner jungen Mutter, tauchte vor mir auf, als sie geheiratet hatte, als ich, soviel wusste ich bereits, in ihrem Bauch gewesen sein musste. Auf dem Rückweg der Wanderung rasteten wir am Eingang des Dorfes und eine junge, schwangere Frau sass auf einer Schaukel und hielt beide Hände auf ihrem werdenden Kind und schien eingeschlossen in einem unsichtbaren Ei, sie summte vor sich hin. Meine Eltern zerrten mich weiter.

Am andern Tag hörte ich, dass die Bauernfamilie früh aufstand, es war kaum Tag, ich schaute aus dem Fenster und sah diesen Jungen, wie er wieder zur weiten Wiese ging, hinter der tief unten ein Bach floss, sein Rauschen war zu hören, wenn man sich anstrengte, ich strengte mich an. Vater fragte beim Frühstück, ob ich helfen wolle beim Heuen, er habe mit dem Bauern gesprochen, ich könne gehen, ich wollte nicht, ich konnte nicht. Es hätte meine Liebe verraten, jemand hätte sie erraten, Vater gab nach, man gehe nun wandern. Am Abend sass der Junge auf dem Zaun und ich entschied mich, zu ihm hin zu gehen, ich wusste, dass das passieren musste, wir sprachen lange kein Wort.

Ich erinnerte mich, ich hatte in meiner Klasse keinen solchen Jungen, er war von der Bergsonne rötlich gefärbt, fast schimmerte ein Violett durch seine Haut, die Augen waren mandelförmig und er hatte kaum Augenbrauen, wirkte fast etwas chinesisch auf mich, ich dachte auch Eskimo oder Peru, Neuland. Ein kleiner, leicht schräger Mund, feste Wangen und schwarze Haare, so schwarz waren diese Haare, lang, fest. Seine Hände waren kräftig, etwas patschig, stämmig wie die Beine, diese braunen Beine zwischen Wollsocken und kurzer Manchesterhose, barfuss war er, fragte mich aus, fragte und fragte, weil ich schwieg und schwieg, kaum ein Wort hervorbrachte, lustig sein wollte und plötzlich komisch daherredete, erlöst war und todtraurig, als ich gerufen wurde und er mich kurz mit der Hand am Oberarm berührte. Ich schämte mich etwas und war glücklich darüber.

Er schaute, bevor er ging, zum Himmel, von weit krachte und blitzte es, sagte, ich solle am Abend unbedingt aus dem Fenster sehen, seines sei über meinem, bald breche das Gewitter los. Ich wusste beim Essen, dass das Gewitter noch auf uns wartete, es war so heiss, ich verzog mich ins Zimmer, öffnete das Fenster und getraute mich nicht, mich hinauszulehnen, um ihn zu sehen, wie er aus seinem Fenster schaute, die Wolken krachten bald aneinander, die Blitze übertrafen sich, entluden sich und als man glaubte, es sei nicht mehr auszuhalten, erlöste sich das Gewitter, krachte der Regen nieder, peitschte über das dürre Feld und die ausgetrocknete Weide. Mir war, als ob er „Ida" in das Donnern schreien würde. Ich stand da und sah hinaus ins durchzuckte, bewegte Dunkel und wusste, dass er untendran stand, ganz bei mir, und hinaus schaute und hinauf. Es durchzog mich nach den ersten Regenschauern eine heftige Traurigkeit und ich weinte in den Sommer hinaus vor mich hin, ungehört im Krachen und Blitzen, es roch nach Wind und Regen und aufgejagtem Staub, auf die Sommerdächer prasselte es, auf die Kalkwege und der Duft nach Wiese und Heu und Jungenwind berauschte mich, ich sog die Luft heftig ein durch die Nase und später auch durch den Mund.

14

Jetzt habe ich also neben dem Architekturauftrag auch diesen Verwaltungsjob. Aber ich weiss nicht, liebe Ida, ob ich das lange durchziehe. Es startete mit einem langfristigen Aufgebot, bereits in der Jahresplanung ist immer der Dienstagmorgen frei zu halten, immer, falls ein Aufgebot kommt, da gibt es nichts zu husten, das ist Linie und Linientreue, wird gehüstelt. Und alle halten sich dran und tun mit, alle wollen dabei sein und fühlen sich, so bestätigen alle es ihnen auch immer wieder, sich verantwortlich fühlen, führend zu sein, leitend, also zu besonderen Aufgaben wie der Folgeleistung zu einem derartigen Aufgebot bestimmt und verpflichtet. Kein Hauch von Widerspruch. Eine Art Abfüllmaschinerie.

Stell dir mal folgenden Angestellten vor: Er hatte den Fussweg seit längerem verloren und keine Ahnung mehr, wo er war. Zunächst fielen ihm die Mücken auf, die Unendlichkeit von Mücken. Plötzlich waren sie da. Und es war bestimmt noch sehr weit bis zum Haus. Er wollte seine Wanderung meistern, die Prüfung bestehen, das Muster erfüllen: So war er angetreten. Für den lange gehegten Wunsch war er nun aufgebrochen, kurz aus dem Haus gegangen, glaubten die andern. Und nicht mehr zurückgekehrt. Jedenfalls stolperte er über einen Laubhaufen und blieb liegen, kam für einige Sekunden nicht mehr hoch, es war heiss, er war verloren, suchte den Weg, weder alt noch neu kam ihm das vor, nicht wichtig, nicht unwichtig. Er war noch nicht zuhause und nicht mehr. Und die Bäume waren sehr hoch. Seine Hand tastete nach der Brille, fand sie schnell nicht, fand sie dann sehr schnell doch. Aber in den Flechten blieb er hängen, schreckte zuerst zurück, griff noch einmal hin und merkte, dass es menschengrosse Flechten waren, die von den Bäumen hingen, aus dem Unterholz herauf wuchsen. Er warf einige von sich, die über ihn gefallen waren, sah vor sich auf dem Boden die Ameisen, die Käfer, die Raupen, die Larven, die Pilze, die Nadeln, die Würmer, er schnellte hoch.

Der Angestellte ist pflichtbewusst. Symbolisch fleissig und früh startet es, das Meeting, nein, starten wir. Immer das Wir wird betont. Das leicht gedrungen wirkende Gebäude mit der Ausstrahlung bürgerlicher Bescheidenheit ist der Tagungsort, niedrige Doppelstockwerke, feine Säulen, überdachte Wege zu den einzelnen Sälen, ein langweiliger, aber gepflegter Garten. Eine Aufgeräumtheit, welche nie verbergen kann, dass es auch um das Aufräumen und um aufwendiges Verschieben und Umgruppieren derselben Systemteile geht, neutrale Säle ohne jegliche persönliche Gegenstände. Die oberen Säle mit zahlreichen Fenstern für einen freundlichen Lichteinlass, im Untergeschoss nachträglich zu Zimmern umfunktionierte Zivilschutzräume und Materialbunker. Viel Neonlicht überall. Fahnen vor und hinter der Anlage, Werbebanner. Die Stühle sind zu Stuhlreihen einhängbar, immer wieder funken sie elektrisch Spannung ab. Der Hauptsaal ist voll, vorne zeigen sich die Vorgesetzten mit Ritualen des Begrüssens und Dankens und mit gehobener Freundlichkeit durchs Band, ich hätte Lust, ganz altmodisch eine Orange an der Projektionswand zerplatzen zu lassen oder stelle mir vor, langsam würden den Repräsentanten des Systems die Hose oder die Jupe herunterrutschen, ohne dass sie es bemerken würden. Das Gerede wäre mittels wenigen Mails ersetzbar, die Selbstdarsteller geben sich bescheiden aber bestimmt, die Unsicherheiten werden laufend kaschiert. Problemgespräche oder kritische Rückfragen sind nicht vorgesehen, es ist eine Einweginformation ohne neue Inhalte. Spuren von Empörung werden erstickt vom kopfschüttelnden Plenum.

Aus den Bäumen ragten abgerissene Astteile, wie Spiesse vom Boden her sahen ihm die gesplitterten Zweige entgegen, starrten ihn an und er sie. Das Unterholz war so dicht, dass er kaum mehr weiter kam, die Haut war zerkratzt, seine gefleckten Finger verklebt. Harz überall, riecht gut, dachte er. Und so unangenehm, wie es ihm sein sollte, war es ihm überraschenderweise gar nicht. In seiner sich mehr und mehr niederholenden Lage sah er die Lichtbahnen, die sich durch den Wald schoben, die Mückenschwärme wie zarte, leuchtende Schleier dazwischen, er roch an seinen Fingern, leckte sein Blut vom Handrücken, strich sich die Erdreste vom Mundwinkel, zog sich unter Schmerzen einen Holzsplitter aus dem Bein. Er schob und drückte das Nasenbein zurecht, schnauzte in die Luft und setzte sich endlich und endgültig auf den Waldboden.

Es gibt einen älteren Film namens Silent Green, in welchem aus Gestorbenen essbare, grüne Plättchen hergestellt werden, welche an die hungernde Bevölkerung ausgegeben werden, in einer immensen geheimen Produktionsanlage wird das Futter aus den eigenen Leuten gewonnen, der Mensch wird unmerklich zum Menschenfleischfresser, er ernährt sich von sich selbst. So funktioniert auch ein solcher Sitzungstag. Ohne es zu wissen, verspeisen die Anwesenden die Nahrung, die ihnen feinsäuberlich aufgezwungen wird, bis sie glauben, sie ässen sie freiwillig und aus Hunger, sie wissen nicht mehr, was sie essen, niemand hat den Überblick. Es gibt aber auch keinen Helden mehr, der revoltiert und keinen Filmemacher, der das Ganze sichtbar macht. Eine Art erzwungene Abspeisung ist im Gange.

So „gibt es" wie bei der Tierfütterung immer den nächsten Traktandenpunkt oder Kaffee mit den beliebten Buttergipfel. Es gibt auch in den Medien immer etwas. Es gibt für alle Kinder heute Schokokuchen. Es gibt Frischfisch für die braven Seelöwen im Zoo. Es gibt bald die Nachrichten. Wir bekommen und bekommen. Wunderbar. Es gibt für alle einen verdankenswerten Stehlunch, das kommt billiger und geht schneller. Jeder hat seine kleine Aufgabe und erledigt diese bald auch zu seiner eigenen Zufriedenheit. Immerhin geht es um die Zukunft des Systems. Die wirklich entscheidenden Punkte sind nicht entscheidbar, sie werden gesetzt. Die Ausführenden dürfen Unterpunkte entscheiden um die Idee hochzuhalten, man sei wesentlich und habe einen Sinn im Leben. Welchen Sinn spielt keine Rolle. Rollen sind austauschbar, Personen auch. Ein Idiot, wer sich aufregt oder Energie verschleudert in Widerstand. Ob man teilnimmt oder nicht spielt keine Rolle. Zum Kaffee gibt es die ähnlichen Witze wie letztes Jahr, das wissen alle, knabbern herum und sumsen vor tumber Wohligkeit. Sie besorgen es uns, wir es uns. Jedem sein privates Glück, seinen Rückzug. Konsens ist schwer eingeprägt, eingestrichen, einmassiert, eingetrichtert.

Du ahnst, liebe Ida, Fluchtgedanken kommen mir hoch und sinken dann wieder ab. Angst vor Armut wird unsichtbar über alles gelegt und lähmt alle. Ich ziehe mich immerhin für einige Wochen zurück.

Ich gehe nicht mehr zurück, sagte er im Unterholz vor sich hin, er begann ein ungestörtes Nachdenken: Ich könnte eine neue Sprache erfinden und einen neuen Kontinent entdecken, Gedankengebilde türmen, sie aufbauen, das Unaussprechliche darstellen, es erzählen, malen, es zum Märchen machen, zum Ungreifbaren. Wie ein grandioses Teppichmuster, wie eine mächtige Bettdecke kommt mir dieser Wald vor. Also: Kurz bevor unser Nachdenker die Besinnung verlor, fühlte er sich glücklich verwaist, geborgen verloren, zufrieden einsam. Er spürte, wie sich besänftigend und einlullend die Flechten auf ihn legten, wie er sich mit ihnen zu verbinden begann. Die Farne begruben alles unter sich.

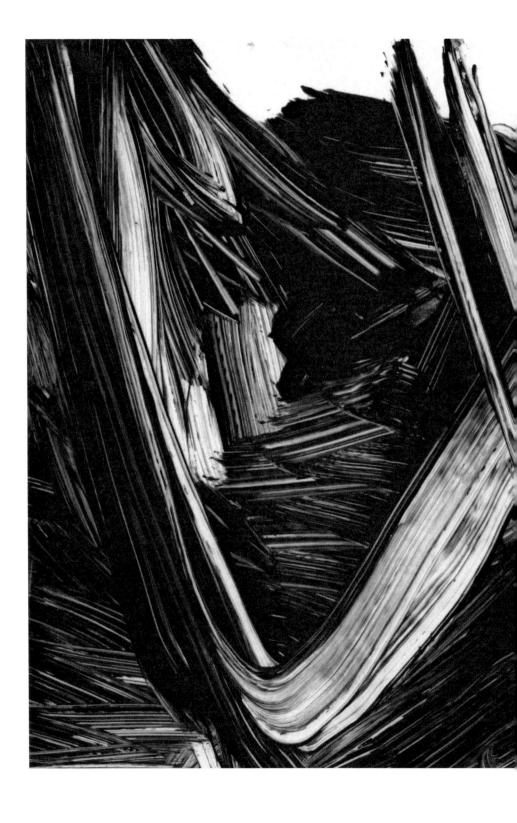

15

Vreni war zu früh, Heini kam immer zu spät, sie hätte die Aussentreppe hochgehen müssen in den fünften Stock, das beängstigte sie wegen der Höhe und dem Schwindel so, dass sie mit etwas Beschämung einen Lift ausfindig machen konnte, der eben erst in Betrieb genommen worden war. Sie fuhr in den 5. Stock hoch und trat auf die Dachterrasse, es war etwas eng, sie fand einen Platz auf einer Bierbank ohne Rückenlehne, die Stühle waren bereits gehortet und belegt. Um nicht in die Tiefe sehen zu müssen, verzog sie sich ganz an die Mauer, an welche sie sich gerade noch anlehnen konnte. Hier arbeiteten im Service Ex-Junkies und zu Integrierende, eine leicht behinderte junge Frau, die ewig brauchte, bis das Bier auf dem Tisch stand und einer, der mit allen auf Du machte und jedem immer wieder laut sagte, was man heute alles noch anbieten könne, Spezielles, das nicht auf der Karte sei. Das Personal hatte ausnahmslos dichte Tätowierungen, aus welchen Tiere und Wildwesen sie ansprangen, schwarze, dunkle Zeichen, entsprungen aus rätselhaft Persönlichem, aus Mode und irgendwelchen Katalogen.

Vrenis Nachbarin war in ihr Natel vertieft und tippte darauf herum ohne aufzusehen, sie machte missmutig Platz. Vis-à-vis sass eine jüngere Frau mit ihrem Laptop und mimte die Arbeitende, etwas Graphisches war sichtbar, immer wieder entwischte ihr der Blick zu den anderen Tischen, sie hielt verdeckte Ausschau nach dem Märchenprinz, hielt ihre Mauerschau über den Computer hinweg.

Gegenüber sassen zwei Künstler, welche sich gezielt diskret bis lautstark über ihre Aufgabe und ihre Arbeit unterhielten. Maler mit Farbflecken auf Hose und Kittel. Sie sassen parallel, beide mit dem Rücken an das Geländer vor dem Abgrund gelehnt, sie sprachen, ohne sich anzusehen, ihre Köpfe blieben parallel. Fetzen von unbeirrt „den Weg weitergehen" und „an sich glauben" flogen Vreni zu, der eine suchte wie nebenbei ihren Blick, Vreni wandte sich ab, Heini war immer noch nicht da. Beide drehten ihre Zigaretten zwischen zwei Daumen und Zeigefingern selbst, leckten das Papier schräg durch den Mund gezogen ab und rotierten dann das leere Bierglas mit zwei Fingern um sich selbst. Der Unterschied, so hörte Vreni, zwischen Design und Kunst sei nicht mehr relevant inzwischen. Die beiden endeten mit einem „Was willst du, es ist wie es ist". Dann blieb es still und plötzlich war der eine verschwunden und der andere nestelte in seinem Hosensack nach Geld.

In der luftigen Ecke vorne, beidseits nur von einem schlichten Geländer vor dem Fall in die Tiefe geschützt, ass eine grössere Familie mit kleinen Kindern, welche herumlärmten und nicht zu bändigen waren. Das Gespräch drehte sich ausschliesslich um das Essen und um die Kinder. Die Ungeduld der Eltern war zu spüren, Vreni hätte die Kinder beinahe heftig gemassregelt, um den Eltern ihren Clinch zwischen schlechtem Gewissen wegen harten Durchgreifens und freiheitlicher Erziehung abzunehmen. Aber als sie ein Bier bestellt hatte, wurde sie von hinten angetippt und eine lachende, sich übertrieben freuende ehemalige Studienkollegin trat vor sie hin. Vreni tat überraschter, als sie es war, und die Studienkollegin zwängte sich mit ihrer Freundin auch noch auf die Bank. Falls sie reserviert habe, würden sie dann schon wegrutschen, sobald ihr Freund auftauche. Was die beiden zu einem ziemlich kreischigen Lacher veranlasste.

Die Kollegin der Kollegin fragte Vreni sehr spöttisch nach ihrem Beruf, bestimmt auch irgendwo Lehrerin, stimmt sicher, irgendwie sehe man das den Leuten einfach an, sie sei jedenfalls froh, dass sie sich da befreit habe, sie male jetzt halbtags und gebe sonst Sprachkurse an Migranten, eine sozial wertvolle Sache, sie wolle doch mit diesen verwöhnten Kindern nichts mehr zu tun haben und diesen aufgeblasenen, herablassenden Schweizer Eltern. Aber wie es denn der lieben Vreni gehe, immer noch das brave, angepasste Mädchen?

Vreni floh auf die Toilette. Als sie zurückkam, rückten ihr die beiden Kolleginnen näher, es wurde ihr zu eng, sie schaute auf die Uhr. Zu Wort kam sie nicht, auch die Studienkollegin konnte sich nicht fassen über die Scheissbünzlis, die alle geworden seien und wie beschütt und langweilig diese Reichengesellschaft hier sei. Sie wohne in einer Wohngenossenschaft, das sei wenigstens sozial und man müsse den Wohnungsbau sowieso fördern. Sie zogen beide eine Petition hervor, welche Vreni zu unterschreiben hatte, eine Petition für den sozialen Wohnungsbau und den Erhalt von Altwohnungen. Vreni sah sich um. Auf wen sie denn warte, sie solle doch mal ein bisschen von ihm erzählen.

Vreni bezahlte ihr Bier und ging, ganz hinten sah sie in der Dämmerung die Jurakette und am Himmel die einfallende Nacht. Aus der Schlucht unter ihr hörte sie hie und da ein Verkehrsgeräusch, der Fluss floss tiefschwarz vorüber. Sie nahm wieder den Lift um sich den Blick in den Abgrund zu ersparen. Unten kam ihr ausser Atem Heini entgegen. Vreni schlug ein anderes Lokal vor. Heini legte ihr wie immer beim Gehen den Arm um die Schulter. Sie hätte so weiter und weiter laufen können, ohne je sich hinzusetzen. Aber Heini sagte, er habe Hunger.

16

Herr Inderbitzin nahm einige dünne Späne und entfachte das Feuer wieder in seinem alten Ofen, ohne den Ofen ginge das nicht, das wäre zu feucht hier alles, aber so sei es wunderbar, er liebte seinen Ofen, nahm sich alle Zeit, um ihn zu befeuern, die Flammen zu beobachten, den Luftzug zu regeln. Das Haus hatte mehrere Öfen in mehreren Zimmern, die er nicht mehr anfeuerte und als er jeweils in den Keller stieg, alte, ausgetretene Stufen, öffnete er eine Türe nach der andern um nachzusehen, ob Holz bereit lag, das brauchte seine Zeit, weil er unterwegs immer wieder etwas Kleines zu reparieren hatte, eine Schraube einzudrehen, ein Gestell aufzuhängen, einige Holzleisten neu hinzustellen.

Die Pflegerin hatte sich aus dem Staub gemacht. Die Flure waren wohl leer, alle Räume erschienen ihm sehr gross. Die Gänge sahen alle gleich und verwinkelt aus. Herr Inderbitzin kam in Gedanken seine eigene alte Treppe hoch mit viel Holz auf den Armen für den Ofen, als er glaubte, ein Telefon habe geklingelt. Er hatte keinen Telefonanschluss, in dem kleinen, abgelegenen Haus wolle er das nicht, er habe zu tun, er arbeite, sagte er vor sich hin und zur verschwundenen Pflegerin.

Es war egal, in welche Richtung er ging, irgendwie kam er bisher jedenfalls immer wieder nach oben. Es schien ihm, die Räume veränderten sich leicht und er wusste nach den Irrgängen nicht mehr, woran er weiter zu malen hatte, oder ob der seine Komposition erst zu Ende schreiben wollte, bevor er in die Kellergewölbe gegangen war. Er hatte gehört, dass Romain Gary sich so viele Namen gegeben hatte wie er sich Kellerräume. Wie kann man die Wahrheit festmachen über jemanden, der sich dauernd neu erfindet? Der immer wieder Einbildungskräfte und Realität, Fiktion und Alltag ineinander übergehen lässt? Der immer wieder eine Legende schafft von sich selbst? Lügen eines Romans beweisen ist unmöglich, auf Fabuliererereien antworten auch. Konnte er mit einem Dokument, das hieb- und stichfest war, die Erfindung widerlegen? Genügt die indirekte Rede um etwas Gesagtes trefflich wiederzugeben? Genügt die Rede überhaupt? Welchen Beruf hat man, wenn man malt, schreibt oder den Musikclown gibt? Wer hat überhaupt, ausser mir, Interesse daran, solche Fragen zu klären und wenn nicht, würde das überhaupt eine Rolle spielen? Wer hätte denn noch oder je Interesse an einer wirklichen Überzeugung?

Am Fenster sitzend, einmal in den Bergen, einmal am Meer, einmal im Jura, blickte er hinaus in den Wald, hinauf den Gebirgshängen nach oder ins Tal zum Fluss oder hinüber zu den Feldern, die sich gegen den Strand hin absenkten. Hörte er das Meer oder den Wind oder den Wasserfall oder die Autobahn hinter dem Hügel?

Er setze sich an den Tisch und sah in eine alte Tageszeitung, deren Datum ihm unmöglich erschien, war er schon so lange hier? Oder doch erst seit gestern? Er strich ein altes Theaterkostüm glatt und dachte, wie er statt Kleiderwechsel auch Hautwechsel durchführen könnte, in eine andere Haut schlüpfen wie in einen neuen Kittel. Je länger er hier war, desto mehr schien ihm, er sei in eine andere Welt transferiert worden, gesandt, hinübergesendet mit übersinnlichen Kräften. Längst hatte er es aufgegeben, seine Träume aufzuschreiben, ganze Notizbücher waren voll damit, er hatte bemerkt, dass auch die Träume sich wiederholen und hatte dann sofort jedes Interesse an ihnen verloren. Hatte er anfänglich noch vor jedem neuen Bild oder jedem neuen Entwurf einige Flaschen Rotwein bereitgestellt, um immer genügend Treibstoff zu haben, hatte er auch das bald nicht mehr nötig, die Zimmer stapelten Bilder, Bücher, Notenbündel und Fotos.

Briefe schrieb er keine mehr. Als ihm seine Mutter zum Geburtstag eine Karte schickte, legte er sie auf den Stapel mit den Geburtstagskarten. Einkäufe im Dorf erledigte er sporadisch, schnell und minimal, er ass wenig. Als ihn die plötzlich wieder auftauchende junge Frau in weisser Bluse fragte, ob er eigentlich noch wisse, dass er hier sei und was er eigentlich wolle, und ob er diese Gegenwart ihr einmal schildern könne, bestätigte er, dass er das sehr wohl wisse und erzählte vom Holz, vom Ofen, von der Aussicht aus dem Fenster und von seinen Bildern, Büchern und Ordnern. Und dass sein Jurameeralpenhaus unzählbar viele Zimmer haben müsse, noch habe er nicht alle erkunden können. Haben Sie sonst noch Fragen, fragte er zurück, sonst wolle er nun wieder weiterarbeiten, es bleibt mir wenig Zeit, wissen Sie, ich habe zu tun. Die Frau fragte Herrn Inderbitzin noch, ob sie ihn aufwecken solle. Herr Inderbitzin starrte sie an.

Der eingefeuerte Ofen wurde nur langsam warm. Sein Flackern warf Lichter an die Wand. Er knackte, liess seinen fauchigen Drachenatem hören. Herr Inderbitzin öffnete eine Klappe leicht und liess ihn ziehen. Er wischte kalte Aschenreste vom Boden auf eine flache Eisenschaufel.

17

Kamil Brandenbergers Tagebuch, zweitletzter und letzter Eintrag: *Was ich selbst geschaffen, unter viel Rückschlägen und dem Tode nahe, ist abgeschlossen. Zwei Jahre meines Lebens waren gestaltet worden, weniger von mir selbst als von andern, aber alles durch mich hindurch wie feuchter Nebel in allen Kleidern anfänglich, kalt bis auf die Haut und wieder erwärmt am Ofen, endlich ganz warm bis ins Herz, frei und ohne Umhüllung. So sehe ich mich händereibend, als hätte ich seit einer festen, unüberblickbaren Zeit das erste Mal Oberluft, soeben modrigen Sümpfen entstiegen. An der Türe bleibe ich stehen und schaue hinaus.*
Salome hat meinen letzten Monaten Anerkennung und eine kleine Vollendung zugeführt: Sie freue sich, sagt sie, blicke freier in die Zukunft. Sie stellt den Kontakt her zur Umwelt. Ich kann jetzt das Bisherige sehen, betrachten. Sie sagt, jetzt beginne das Neue. Jetzt sehen wir uns und blicken hinaus. Wir fallen uns wie Sternschnuppen in die Nacht in die Arme. Alles erfüllt sich.
Über das Tagebuch, seine Fetzen und Fratzen, werde ich schreiben, stumm werde ich alles aus mir herausreden, ohne den Mund öffnen zu müssen. Ich habe mich entschlossen, weiterzuleben, mich den Jahren hinzugeben. Da ich zurückblicke merke ich, dass die Geschehnisse der letzten Jahre wie ein Gehen im Frühmorgen waren, unstet und wie ein scheues Tier umherblickend, hastig und traurig in jeder freien Minute, geplagt in den vielen gehetzten Zeiten, ein Windrad aus Papier im Wind, dauernd in Gefahr, abzureissen und als Fitzelchen willkürlich irgendwohin verweht zu werden. Ich hatte Mühe, die Gedanken auszublättern. Ich will mir klar werden, welchem Menschen diese Tagebuchnotizen, die ich in beiden Händen halte, entstammen; ich werde die Zerreissprobe durchführen über die Aussagekraft von Geschriebenem für wenigstens mein eigenes Leben. Ist es möglich, anhand der Notizen Licht in dieses Dunkel zu bringen, das mich die letzten Monate umgab und dem ich jetzt zu entrinnen trachte?

Mit den Schritten ungeduldigen Wartens, die näher und näher kamen dem Übergang aus der eignen Zelle in die Freiheit, begann ich zu schreiben über die bisherigen Versuche, das Schweigen zu brechen. Die Ahnungen aus

der Zeit des innern und äusseren Abgeschiedenseins waren tatsächlich nur einen Hauch mehr als das erstarrte Schweigen. Es kommt mir nun vor, als sei ich hinter dicken Mauern in einer andern Welt gewesen, bewacht und erstarrt. Und in dieser Starre mit grossen Augen rührte sich hie und da, angestossen von verebbenden Windstössen, Gefühl und Energie, meine Absicht, diese Stimmungen zu notieren. Viele dieser Tagebucheintragungen scheinen mir heute wie das Schweigen selbst, umso mehr als ich mich oft nicht mehr genau erinnern kann, aus welchem unmittelbaren Anlass die Worte hingesetzt worden waren. Ich weiss nur noch, dass eine Stimmung, dass das kleinste Ding, ein unerklärliches Lüftchen, plötzlich aus der absoluten Stille einige Worte herausgebären konnte, welche ohne Bruch direkt ins Tagebuch flossen.
Im Turm in schwarzen Mauern.
Seitenlang hatte ich diese Zeile wiederholt. Ich hatte nur Gestammel und Gemurmel im Mund und brachte genau dieses auf die Blätter in einer Art Beschwörungslitanei, als würden dadurch erst diese schwarzen Mauern abgebaut. Wie aus einem Verlies heraus schrieb ich:
Grosser, stiller Falk aus Stein: hast die ganze Nacht gelauert – ein schwarzer Stein in schwarzer Nacht, zuckst kreischend den Kopf hernieder, bevor du erwachst, bevor du deine schwarzen Schwingen öffnest und dich in Lüfte hinauffallen lässt – Kühle im neuen Licht, Kräuseln am Morgen. Da wartest noch einmal, ganz Stein, und dann aber wirst du der Atem zwischen den Bergen.
Ich erinnere mich, eine kleine Ritze in den Mauern gesehen zu haben. Diese Mauern, die mich allabendlich beengten und auf mir lagen in handbreitem Abstand vor dem Gesicht standen und mich oft ebenso pressten wie eine Gummihülle, aus welcher, wie unter Luftpumpen, langsam aller Atem, alle Bewegung, erstickt wird. In diesen Mauern hatte ich eine Ritze gesehen, immer wieder, dieselbe Ritze. Und als ich mich eines Abends zurücklegte aufs Bett, hatte ich diese Umwandlung von Ritze in der Mauer zu Falke auf dem Felsen vollzogen und mich so für Sekunden der Niederschrift befreien können. Was sich in den letzten Jahren abgespielt hat!
Diese Zeit ist gross, verwirrend, bereits eingesunken in der Ferne, aber ich bin befreit, kann mich umblicken.
Da das Bewusstsein ja immer nur sich misst am letzten, vorgängigen Zustand des Dämmerns und immer nur eine Stufe weiter oben ist, niemals am Ende: Deshalb ist es überhaupt erst möglich, etwas auszusprechen, ein Wort zu bilden.

Milliarden Jahre mag die Schöpfung schon zählen, unendlich uns aller Raum erscheinen: Trotzdem und vielleicht deshalb ist es so, dass wir mit einer gewissen Zeit in die uns bestimmte Welt gesetzt werden, diese Zeit genügt uns nicht, Klarheit zu gewinnen, woher wir kommen und wohin wir gehen. Wir benehmen uns aber wie Fische, die vermeintlich frei vom Meer zur Quelle schwimmen können. Dabei sind wir höchstens Kiesel im Strom des Lebens, einige Erschütterungen erlebend. Und dann? Was spüren wir schon. Was spüren wir noch und wieder?

Ich ahnte hell oder trübe, ahnte aber eine endlich aufgelöste Welt, einen Bereich absoluter Erfüllung und zeitlosen Seins. So sind auch meine fünf Monate uferlos, nicht kurz genug, dass ich deren Dichte erfassen könnte. Seltsamerweise hat diese kolossale Stimmung einen klaren Beginn, den ich deutlich feststellen kann, obwohl bereits lange vorher mein Leben auf diese Wandlungszeit zulief. Es war mir, als weilte ich schon lange in einem Konzertsaal, hätte aber erst das Aufzucken des Dirigentenstabes am Anfang des letzten Satzes zum Beginn meiner Aufmerksamkeit werden lassen.

Die bizarren Schatten der Menge vor mir ragen leicht in die Bühne, die Leute sitzen wie vermummte Gestalten im Gegenlicht. Auf neblichten Theaterbänken, als schwebte feuchter Herbst über dem Parkett, höre ich den Kauz ferner Wälder.

Zu diesem Beginn, der meine Wandlung einleiten sollte, sass ich abends in einem kleinen Kellertheater. Ich verspürte einen unbestimmten, aber ungeheuren Drang, aufzubrechen – ein diffuses Gefühl, dem ich, je länger es anhielt und sich wellenartig wiederholte, umso mehr ausgeliefert war. Kurz vorher war ich noch auf den Trottoirs gegangen, auf diesen Rolltreppen der Zeit, die unaufhörlich auch an mir ihre Pflicht taten, auf diesen Lebenswegen, die alles mitnahmen, widerstandslos alle Menschen führen konnten.

So liess ich mich, als hätte es unweigerlich sein müssen, in die dunklen Gänge des Kellertheaters schieben und entwich damit dem Gedränge. Der Lärm erfror, es war kühl im Parkett. Die Nachbarn sandten sanft hie und da ihre undeutlichen Satzblättchen in den Raum. Manchmal scheint mir, in jenen wenigen Stunden dort unten habe sich mit mir als Zuschauer eine exakt auf mich zugeschnittene Vorschau auf meine Zukunft abgespielt. Eine mittelmässige Wandergruppe gab das Stück, das sie selbst geschrieben hatte, und es sind mir Szenen in Erinnerung, die mir nun wieder deutlich vor die Augen treten.

Ich hatte kalte Zehen, zog meine Jacke zusammen und schaute hemmungslos auf die Bühne. Dort löste sich aus dem eben noch hereingebrochenen

Dunkel eine weisse Figur. Langsam bewegte sie sich gegen die Mitte, in welcher, einem Altare gleich, ein graufarbener Klotz stand. Hände, Füsse und Hals waren noch nicht zu sehen, die weisse Kleidung stand still. Diese kleine Ruhe verschluckte die letzten Geräusche, aber unmittelbar nachher erlöste sich die Spannung in ein katzenartiges Geräusch. Mit einem dumpfen Knall stand die Weissgestalt langgestreckt auf dem Klotz.
Eben habe ich den Weissclown gesehen. Draussen beginnt es zu tropfen. Regen, beschütze die Stille in meinem dunklen Raum. Lichtsüchtige, reine Antwort ist der Baum vor dem Fenster. Ich bin so aufgeblättert, zerfahren. Für stolze Wälder stehst, goldene Pracht, weisser, stolzer Leib – wie Sphinxe oder Schwäne gibst dich der Betrachtung preis, weisser, hinfälliger Adel. Ich sinke in mich hinein, ein fallendes Blatt auf den Grund der Einsamkeit. Kreidiger Pierrot.
Der Weisse reckte sich, Licht fiel jetzt auf Hals, Arme und Beine. Ein weisser, langer Hut verlängerte das Bleich des Gesichtes unendlich, die runden, dunklen Augen waren dem spitzen, geröteten Mund weit entfernt. Über den Wangen lag ein fernes, immer trennendes Meer der menschlichen Tragödien, die Hoffnung und die Grausamkeit des flächigen Weiss und diese zweischneidige Pracht stand ruhig vor mir auf einer altarigen Kiste des Theaters und öffnete mit einem Hauch Boshaftigkeit die Lider. Die Hände führten die sicheren Bewegungen des Fahlen zu den Knöpfen seiner Joppe, wo sie alsbald mit gespreizten, nervigen Fingern begannen, sie der Reihe nach von oben nach unten zu schliessen. Angelangt beim untersten wollte sich der Eitle das Oeuvre beschauen, senkte sich und erblickte weiter unten einen Kopf. Die weisse Gestalt wich zurück, blieb federnd stehen und zischte leise durch die Zähne. Die gross bleibenden Augen verrieten jetzt Keckheit. Der Weisse wagte einen lauten Pfiff und neigte sein Ohr in Richtung erhofften Echos, das aber ausblieb und einen umso schnelleren Pfiff notwendig machte.

Aber die Glatze und der Haarkranz unter ihm rührten sich nicht. Der da sass, wurde ihm klar, war August. August, dessen Name ihm immer wieder gegeben wird von denen, für welche er August spielt, welchen er immer wieder verschenkt, mit welchem er auch die Leute zu Augusts macht. So sass August da, wie wenn er schon immer dagesessen hätte, und rührte sich nicht. Er war steif und leer, alles andere als ein sehnsüchtiger Verliebter. Starr war er geworden im Laufe der Zeit. Blutleer lampten seine Extremitäten über den hohen Bühnenrand Richtung Boden. Wie in altes Holz geschnitten war sein Gesicht, hart und kantig, karg.

Uns kleben schon Spinnweben in den Achselhöhlen, jedes Lächeln ist zu Staub geworden, fahles Licht webt um die Fetzen, die zerjagen die grosse Dümmlichkeit und alles, was war. Es stehen noch Grabsteine, die riechen nach fossilen Reliquien einer Zeit, die meterweit versunken ist in den tiefen Katakomben der Geschichte.

Der Weisse darob, jetzt katzenartig hinuntergebeugt und buckelnd, ermutigte sich, August ganz genau zu betrachten. Mit herrschaftlicher Gebärde richtete er sich auf, zückte ein Stückchen Holz aus seiner feudalen Hose und warf es gebieterisch dem August auf die Glatze. Aha, immer noch nichts, schien er gerade sagen zu wollen, als er von unten ein dumpfes, maschinelles „Bitte?" zu hören geruhen musste. Die Art, wie dieser Laut heraufgekrochen kam, gab dem Weissen nun die volle Überzeugung der Kraft des gebildeten Vorgesetzten in einem Masse wieder, dass es blitzartig so aussah, als sei das die selbstverständlichste Sache der Welt. Ziemlich belanglos griff er nach dem Holzstab, der da auf der Kiste lag und begann, damit zu spielen. Von jenem Stecken führte an jedem Ende ein Faden direkt hinunter zu August, dessen Handfesseln in schönen Schlingen ruhten.

Wenn von oben, nur so probeweise, gezogen wurde, hob sich der ganze Arm Augusts an. Die Schnüre schnitten zwar leicht ein, aber von August war kein Schmerzenslaut zu erwarten. Diese leidige Marionette liess sich sang- und klanglos bewegen. Ich erinnere mich, dass das Gefühl für Geschichtskatakomben mich packte bei diesem Anblick. Irgendwie, dachte ich, werden diese Katakomben dauernd neu erstellt und ich selbst bin jetzt schon Teil der Vergänglichkeit, ja des Vergangenen, vielleicht bin ich selbst ein verkleinerter Ablauf der gesamten Menschheitsgeschichte. Auch das modernste Leben, so aktuell es mir vorkommen mag, ist nur ein winzigster Teil eines immensen Schicksals.

Leere sticht in Leere und das Nichts verhöhnt die Insel, die ehedem durchflossen mit Blut. Der Hohn selbst verebbt kläglich am Strand einer Gleichgültigkeit, die sich dauernd erneuert.

Dieser Moderne, der Weisse, gänzlich und akribisch aufmerksam geworden, ergötzte sich an den Bewegungen seiner Marionette, die den ganzen Apparat umfassten und ihn total erzittern liessen, wenn er die heruntergefallenen Arme wieder hochriss. Aber bald ödete ihn die Spielerei an und missmutig legte er eine Pause ein. Er schien eine neue Version vorzubereiten. Er zog die Schnüre etwas nach vorne, der Widerstand wurde grösser und es brauchte alle Kraft des Weissen, den klobigen August auf die Beine zu stellen. Er trat bis an den Rand seiner Kiste. August hingegen stand kalt am Rande des Altars auf seinen kraftlosen Gelenken, die Arme fühllos ausgestreckt unter den straffen Fäden. Sein erster Schritt hallte im dunklen Rund mehrfach nach und erstarrte bald.

Die Marionette steht wie der stumme Schrei ihres Geistes, unsehbar lassend ihr Wesen in einer splittrigen Hülle, deren gläserne Fasrigkeit in jeder Kehle stecken bliebe.

Ich sah auf der Bühne meine eigene Zerfetztheit und sah deshalb so intensiv zu. Trotzdem hatte ich die entsprechende Tagebuchnotiz mit viel Freude geschrieben. Die Bewunderung für das Stück konnte damals noch meine eigene Zerrissenheit übersteigen. Indessen zog der Spielmacher weiter seine Fäden. Es gelüstete ihn, seine Marionette schrittweise zu bewegen. Mit seinen feinnervigen, langen Fingern hielt er das Holz, drehte und zog es, und geleitete, versteckt schleppend, seine Fäden eckig um den Klotz, auf dem er stand. August stapfte zunächst idiotisch staksend den Wänden des Altars entlang. Tierischer Passgang und harzige Mechanik liessen den Boden unter ihm aus Stein ruckweise entweichen und jedesmal machte ihn dieser schlechte Scherz Bewegung fast hinfallen. Dann blieb er still.

Fauler Schlamm, wieder und wieder zur Erde hingeworfen aus purer Neugier, wie lang er wohl dort noch gäre.

„Und auf und ab und auf und ab und wieder auf und ab und auf und ab ... " schneller und schneller liess der Narziss, oben thronend auf dem Geviert, das ihm so herrlichen Ausblick gab, sein köstliches Stehaufmännchen tänzeln. Er leierte diesen Tanz aus, stiess wieder an die Langeweile des Spiels, riss die Fäden zornig an sich, erschrak und schlenzte die Marionette auf den Stuhl zurück. Ausschnaufen und ein zierliches „Ohh ... " gab ihm wieder viel Mut zu neuem Sinnen. Bei jedem „Auf" wurden Augusts Arme den Händen nach hochgeschleudert und zerzogen in eine grausliche Gestrecktheit, die seine Glieder nachahmten, da sie, kopflos, nur zu stumpfer Nachzügelei taugten. Nur sein Tiefes, aber etwas verhärmtes Atmen war im Rund zu hören, als er wieder unten am Grossen auf seinem Stühlchen sass.

Wenn ich das Atmen einer Steinfigur hörte? Ein erstes Durchatmen einer bisher toten Gestalt?

Ich erinnere mich, dass ich in diesem Moment für die Dauer eines Augenniederschlags die Besinnung verloren hatte. Das sich ankündigende Erwachen Augusts setzte sich meiner eigenen Schläfrigkeit mit einer solchen Impertinenz aus, dass es mich für einen kleinen Moment überwältigte, aber ich vergass das Ganze wieder bis später, als ich obige Notiz aufschrieb. Die ganze

Geschichte wäre nun zu Ende gekommen, wäre nicht auf dem Klotz ein roter Ball gelegen. Der kleine rote Ball sollte nun eigentliche Auferweckdienste übernehmen.

An Weihnacht werden heute Herzen gebastelt, aber ich will diese Herzen nicht – man verrät nicht ungestraft die Herzen. Die Meisten legen die noch knapp geahnte Eigentlichkeit dieser wertvollen Dinge auf den Haufen Ängstlichkeit, der sich vor ihren Schlafgemächern türmt. Mein Leben baut dauernd auf jenem Teil des Menschen, der unabhängig vom Einzelnen das ganze Geschlecht „Mensch" kennzeichnet, der das alles, was uns gemein ist, in jedem von uns widerspiegelt, wenn wir uns nicht wehren dagegen. Dies zu sehen, leben wir in einem Lichtstrahlenfeld.

August erhielt den Ball von oben zugespielt. Ich bemerkte, wie sich seine Augen leicht geöffnet hatten, wie durch die Anstrengung des Atmens, zu welcher er gezwungen war, sich die Lider mit Blut zu füllen begannen in leichter Antwort auf die Lungen. Die ersten Versuche, den Ball zu erhalten, schlugen fehl. Der verlegen Spielwütige aber war geil geworden auf sein eigenes Ergrimmen, das ihm süss-säuerlich anheiterte. Er stieg hinunter, um schnell und frech den wegrollenden Ball einzufangen, hüpfte zurück, erkletterte seine Burg von Neuem und versuchte, August den Ball wieder in die Hand zu geben. Diesmal gelang es. Ein entfernter, dumpfer und tierischer Reflex hatte Augusts Handflächen zusammengezogen, als er dies runde Ding berührte. Die Instinkte meldeten sich als Geburtshelfer.

Sacht klopft von innen an die Tür in Blau, in dessen Tiefen die Erhabenheit des Menschen wohnt. Diese lässt mich nicht los, erscheint mir nur im Theater. Dort setzen sich die Anlagen und Ideen wie kindliches Selbstverständnis durch, verzichten auf Materialismus und beginnen still zu wirken, bescheiden, unaufhaltsam.

Der Grosse, der Zeitgenosse, täuschte sich. Hier hatte er keinen Einfluss mehr zu nehmen. Er stand hinter den Bergen. Als ich die ersten zaghaften Bewegungen Augusts sah, erinnerte ich mich, dass ich schon viel Gedrucktes verkauft hatte, das die Individualität höchstens noch als Hobby, als privaten Bereich zu verquanten suchte, mit Erfolg.

Der Weisse stutzte verdutzt. Das erste kleine Spiel Augusts mit dem roten Ball hatte ihm die Spannung aus den Fäden genommen, mit denen er bis anhin noch so gebieterisch hatte werken können. Es fiel ihm, nachdem ihm lange Zeit nichts eingefallen war, nun ein, einen Kraftvergleich auszutragen. Er begann, mit unsicherer Kraft, an den Fäden zu reissen. August gab nach und verdutzte damit den Weissen noch mehr. Da schien es etwas zu geben, das nicht mehr gewillt war, die gewohnten Kampfregeln zu übernehmen. Die blosse Andeutung von Haltung, dieser vergessenen Eigenschaft, entkräftete den Fadenzieher, und bereits jetzt war die eigentliche Marionette er selbst. Die Schnur hat zwei Enden. August erhob sich stumm, etwas steif, liess sich vom warmen Rot des Balles erwärmen und warf ihn mit einer langsamen, unendlich reichen Gebärde in die Höhe. Der Materialist erblickte vorerst nur die kalte Decke des Theatersaales.

Ich nahm sofort Partei, versank ins Spiel. Der Weisse ärgerte mich, ich wünschte, seine Zeit sollte zerschmelzen an der Wärme des Aufbruchs eigentlichen Wesens und Lebens. Und dieser Moment in der Darbietung schmerzte mich dermassen, dass ich das Gefühl hatte, ich liesse die blutigen Ströme Augusts in mich hinein fliessen und ich glaubte wirklich, eine Art Erfüllung zu sehen, als der Weisse in sich zusammensank und August frei zu tanzen begann. Wie einen Embryo trug ich das Gesehene die Stufen des Theaterkellers hoch. Applauslos war das Theater zu Ende gegangen. Am Ausgang, unter einem dunklen, verregneten Portal sah ich hinaus auf die spiegelnasse Strasse, wo die dunklen und so kühlen Regenmantelgestalten eilig vorüberglitten, jedenfalls war alles unwirklich und jede Bewegung war eingegliedert in das allgemeine Flackern aller Erscheinungen in diesem Windregen. Da war es mir, als trete August vor mich hin, derselbe, der mir vorher von der Bühne herunter begegnet war. Er kam wie von einer Schnur gezogen gerade auf mich zu, bis sein Gesicht unmittelbar vor mir stand, grinste mich an und überreichte mir, ohne mit der Wimper zu zucken, und ohne dass ich den Blick hätte abwenden können, einen Zettel. Im Lichtglitzern verschwand er wieder, selbst ein Glitzern, wie er gekommen war, und ich hob träumerisch das eingerissene Stück Papier vor meine Augen, auf welchem gekritzelt war:
Leben im Heulen. Durch die leeren Strassen heult ein Wind. Wir werden leben. Die heulende Kälte Sibiriens hat uns Wärme genommen und die heulenden Wölfe in ihrer Heimat und in uns lassen wir sterben. In unserer Kälte beginne wieder ein Heulen, wie die Spatzen Fressen finden, wie Insekten. Wir werden aufleben im steifen Heulen der Winde.
Ich betrachtete mich nach diesem Ereignis im Theater als einen, der es lernen sollte, mit den kleinen roten Bällen zu spielen, einer, der unabhängig leben wollte, befreit von den Marionettenschnüren. Es zog mich, wenn ich nicht gerade Bücher verkaufte, oft ausser Haus in die Parks, zu den Buden in die Vorstädte. Und ich suchte begierig jede Alltagskomik. Auch

Märchenhaftes begegnete mir in dieser Zeit oft. Einmal ging ich abends vor das dunkle Portal einer Kirche, die soviel Nacht in sich aufgesogen hatte, dass es rund um sie herum ein wenig heiter schien. Ich war tief betroffen, als sich Salome aus der Umgebung löste und ebenfalls den Weg vor die Kirche einschlug. In diesem Moment waren ihre Füsse und ihr Kopf kaum zu sehen, eigentlich schwebte nur ihr Mantel, in welchen sie dicht eingehüllt war, über die Strasse, ständig begleitet von den flatternden Haaren, die ein langsam aufscheinendes Gesicht wärmten mit grossen Augen, die langsam näher und näher kamen, bis ich glaubte, ich sänke in sie hinein. Doch bald fröstelte mich wieder und ich war befremdet über diese Situation. Sehnsüchte blieben.

Ich erinnerte mich auf dem Heimweg an einen Film, in welchem ein Fliessbandarbeiter Lachsäcke kontrollieren musste, jeden einzeln in die Hand nehmen, Knopf drücken, das Lachen hören und mit immer noch gleich gleichgültiger Miene den Lachsack weglegen, bis eines Tages ein Sack nicht mehr lachte und dafür kurz der Arbeiter.
Die Doppelgesichtigkeit der Gesellschaft zeigt sich kaum. Läuterung zur Gesundheit, Labung zur Tat sind selten möglich. Alle müssten krank werden, um sich zu erholen. Wie die Seele zu brennen beginnt unter den Brenngläsern der Zeit. Das Leid dieser Arbeitsplätze bleibt, auch du bleibst: Was auch geschieht in dir, die Lautsprecher funktionieren über dich hinweg, störungsfrei.
Tatsächlich hatte ich oft das Gefühl, mein redlichstes Leben müsste eigentlich ein krankes sein: Ein Zeigen, dass diese Umwelt nur krank machen kann. Ich schluckte alles und würgte, immer steriler werdend. Ich nahm auch gegenüber meinem Denken eine zunehmend distanzierte Stellung ein. Das führte dazu, dass ich die im Kopf erscheinenden Sätze oft als unechte, eingeflossene Fremdware betrachtete und als viel zu simpel abqualifizierte. Ich verlegte mich mit einer gewissen Lust darauf, die Bilder und Töne, die neben und hinter meinem Denken waren, zu suchen und hervorzuziehen. Beispielsweise im Café sah ich plötzlich nur noch mundlose Gesichter, deren Ober- und Unterlippen zusammengewachsen waren.
Da und dort sehe ich statt Mund oder Auge oder Ohr noch eine Art Überreste einer Operationsnarbe ohne Konturen. Mit einem Augenaufschlag vermag ich das Bild so zu kehren, dass alle mit gefrässigen Zähnen dasitzen, Zähne, die seltsam quer aus dem Kopfansatz ragen. So sehr ich auch versuche, ein Auge oder ein richtiges Gesicht zu erhaschen, es bleibt mir versagt. Erst nach einer gewissen Zeit kann ich veritable Gesichter erblicken und die Augen schmerzen

mich. Heute stürzte die Stadt über mir zusammen. Ich sah zuviel, musste die Augen schliessen. Nichts mehr wahrnehmen, nur darüber schauen.
Nach solchen Erlebnissen ging ich nach Hause und sentimentalisierte vergangenen Zeiten nach, aus dieser Stimmung heraus hatte ich mir angewöhnt, meinen Briefen ein Bild beizulegen, ich verschickte hand- und fusslose Gestalten.

Es kamen täglich Einkäufer zu mir in die Buchhandlung, und ich war veranlasst worden, sie zu beraten. Ein Buch nach dem andern tippte ich auf der Kasse ab, wortlos die Höflichkeit bietend, die man den andern angelernt hatte, sie hätten sie von mir zu erwarten. Einmal sagte der Besitzer, es sei wie im Krieg, wie wenn im Krieg die Leute wieder zur Kirche gingen, es habe halt doch etwas Gutes, in der Krise erhole sich der Buchhandel. Er sehe Kriege als notwendige Katharsis. Ich solle nicht alles so tragisch nehmen. Der Chef fand mich, den Monsieur Brandenberger, sehr launisch. Er betrachtete mich als interessantes Phänomen. Er sagte, Kamil hätte eine ganz andere Laufbahn vor sich haben können, er hätte bloss schreien müssen „Bahn frei" und gewonnen, aber der blättert ja noch in irgendwelchen Photographien aus dem vorletzten Jahrhundert, seelisch meine ich, bandweise.

Das Eindrücklichste waren ihre Augen. Stolz. Wir waren oft auf den Wiesen gelegen, sassen aber auch oft im Kino, in diesen gespenstisch vom Filmlicht getünchten Sesseln, die mich immer an die Leichtigkeit eines Weinglases erinnerten, an die Schwere dieser Süsse im Leichten. Ich war mit ihr wie berauscht, ein espenartiges Kräuseln durchdrang mich und es war mir, als müsse ich vor eigener Kraft und Sehnsucht zerspringen. Die Wärme machte mich ruhiger. Ich flüchtete mich zu ihr, so oft ich konnte. Genauso zwingend strebte ich wieder in die Stadt. Das Hin und Her trieb mich an. Und uns auseinander.
Wie Teufelsauge bannt mich die Stadt, selbst bei dir bin ich verfolgt, Geliebte, gerade bei dir spüre ich die Plage. Überall bin ich mitten drin auf einem lärmigen Platz. Der Traum von der grossen Flucht und die einbetonierten Flüsse. Ballade des Wohlstands, letzter Akt. Ihr habt Pfähle um mich in den Boden geschlagen und ich habe Angst vor dem Todesstreich in meiner letzten Enge – lache irr und böse und greife zur Waffe.
Gegen wen hätte ich denn meine Waffen richten sollen. Wenn ich an der Theke darauf angesprochen wurde, plapperte ich etwas Undeutliches von Solidarität. Es gelte, das Verbindende in Verschiedenem zu suchen, einen

viele Äcker umspannenden Garten zu bilden, Menschenbildung eben. Man könne in den Schulen ja nicht mehr von Bildung des Menschlichen sprechen, schon gar nicht von wirklicher Emporbildung.

In diesen Momenten, so für mich allein, liebte ich plötzlich die ganze Menschheit, jeden Menschen, bloss weil er auch Mensch war, bloss wegen seiner Gestalt. Und da in dieser Kneipe, als ich mit denen Kopf an Kopf stehend an der Wand des Pissoirs lag, da sah ich in meiner Trunkenheit in allem für Augenblicke das Paradies. Kein Tisch stand mehr gerade, ich genoss dieses Hervortreten einer Theke oder Stuhles, die Verschwommenheit: Das ungenaue Kommen und Gehen war ein Zustand an diesem Ort. Farbfetzen flackerten aus Gräulichkeiten. Alle Ecken und Kanten wurden weich und rund. Geduld schwebte über allen Köpfen, jeder versuchte, seine Spur zu kratzen oder zu finden in diesem Sand. Trotzdem wunderten sie sich immer, wie ich in diesem Jahrhundert noch etwas Hehres von den Menschen erwarten könne, sie wollten nicht mehr arbeiten auf einen wirklichen Glückszustand der Menschen zu, sie wollten lieber noch etwas trinken und träumen, träumen sei schöner. Und bestellten weiter.

Ich verlegte mich auf die Nacht und die Trunkenheit. Die inneren Weiten am Tage wurden so rar wie die Wälder in der Stadt. Ich bemerkte, wie die Tage sich zu verziehen begannen, zu verzerren. Dafür fluchte ich umso mehr über diese Zeit, diese Menschen, diese Kälte. Ich hatte das Gefühl, mein ganzes Leben sei auf den falschen Planeten hingeboren worden, mein Ich müsse aus mir herausbrechen aus einem falsch gewählten Körper, aus einer falsch gewählten Zeit.

Salome fragte mich und sich in der Weinstube einmal, ob diese dumpfe Trübe, die uns umfange, das sei, was man so mit Jugend bezeichne. Sie sei wahrscheinlich das letzte Glied einer Zeit, die untergehen müsse. Ihr Schicksal sei es, die Ahnungen neuen Seins schon zu verspüren, ohne jedoch den geringsten Teil verwirklichen zu können. Gummifäden, um sie gespannt wie ein menschliches Spinnennetz, zögen sie unweigerlich immer tiefer in Trübnis.
Da sucht Salome meine Hände, ängstlich legen wir uns in ein Meerbett und dann und wann erreicht uns Weite – und Klarheit zertritt die böseren Träume. Heute strahlt ein Sichelmond sein Licht, über deinen Augensternen wird mir Morgenlicht in Höhlen und in meine Gräber endlich Nacht gebracht. Deine Zweiheit ist auch meine und erst gegen Morgen laufen wir den Hafen an, der

lärmig ungehalten uns erwartet. Keine Sterne an Nachthimmeln, ohne dass der Morgen und ihr Verschwinden näher käme.
Nach dieser Liebesnacht bekam ich Briefe von Salome. Sie schrieb sehr eigensinnige Zeilen, Es wäre ihr bestimmt nie möglich gewesen, einen dieser Briefe ein zweites Mal zu schreiben, die Kraft war explosiv und zerstörerisch. Nur die Ferne ermöglichte überhaupt den Inhalt. Wenn sie nicht bei mir war, war ich wie gelähmt. Ich erdrückte sie mit meinem Verlangen. Ich ertappte mich bei zunehmend belangloseren Tätigkeiten. Ich begann, mitten in der Buchhandlung und halbtrunken noch vom Vorabend, die Zeitung zu lesen. Ich vereinsamte in der Buchhandlung. Ich konnte meine durch Salome erweckte mögliche Liebe zur Welt nirgends ansiedeln. Ich spielte mit den kleinen roten Bällen vor mich hin, träumte, schmachtete, war noch immer bloss einer, der etwas unabhängiger werden wollte. Sentimentalität und Wehmut verharrten triefend auf mir.
Du bist gegangen und ich hadere hier. Mein Atem zieht immer zu dir, zu neuen Horizonten fehlt mir der Mut und ein Novemberwind greift an mein Blut. So steh ich hinter dem Fenster wie Nacht und schau in das Treiben des Tages hinab, verharre im Nichtstun, ein Greis an der Sonne und denk an deine Anmut, unsere Wonne. Je mehr ich beschaue das mir ferne Land, so drängt mich das Herz und sengt mich ein Brand, die Heimat dennoch zu finden in der Welt, die mich stumm macht, alleine und fremd.

FASZIKEL

1

Der Teich ist nun eine Kloake geworden. Er ist halb zugeschüttet von der Abfallhalde, die Lastwagen fahren oben hin, kippen den Müll aus, der sich bis in die Mitte des langsam steigenden Sumpfes fortsetzt. Überall in der Umgebung sind allgemeine Verbotsschilder, immer wieder fahren Camions vor, es werden Container ausgeleert, grosse, prallvolle, überquellende, auslaufende Plastiksäcke, Fahrzeugteile, Apparatetüren, Maschinenreste und halbvolle Farbbehälter überschlagen sich am Hang.

Der Teich bleibt zurück, eine letzte Welle schlägt an, die Winde kommen nicht wieder, als ob der Sumpf zu Eis würde und dann zu Glas. Stümpfe ragen, Skalpelliertes, Tranchiertes, Prothesen daraus hervor, eingegossen zur Unbeweglichkeit in die messerscharfe Durchsicht. Stotzen, Laffen, Schwarten.

Das Liegengelassenwerden schuppt die Rückenhaut, ätzt die Glieder, krümmt die Wirbelsäulen. Ein angerissener, mächtiger Baumstrunk. Auf ihm hockt die Echse. Sie hat ihn zum Schild genommen, sich ihm angeglichen, ihre Haut ist Borke, ihr Inneres ist gezeichnet durch unzählige Jahrringe. Die grossen Borkenteile springen auf, heben sich ab. Kleine Felstäler, die sich geordnet hinziehen vom breiten, bulligen Hals bis über die Hüften zum langen Schwanz, dort verlieren sie sich. Rötlich, wo sie einbrechen, sind weisslich obenauf, schwarz umrandet. Ist der Baumstrunk schon eine Ausstülpung des Erdreichs, dann ist die Echse eine Ausstülpung des Baumes, über dem gläsernen Teich ist sie die geballte Stille.

Der Kopf ist ein breitbasiges Dreieck, getragen von einem bulligen Nacken, eine leichte Krümmung nach vorn wie eine Senke und ein Buckel in einer Karstlandschaft. Senkrecht abfallende Wangen, die unter dem Kiefer in einer bedrohlichen, massiven Hängebacke enden. Seitlich, unten und oben und durch den Nacken hinten ist er übermächtig, zukünftig. Ganz oben, direkt unter dem Rand dieses mittleren Felssturzes, ist das mit einem dicken Lid abgeschirmte Auge, rund, stechend, hinter einem feinen Grauschleier etwas zurückgebunden. Die Echse sieht zwischen den Lidern durch, sie beobachtet alles, behält es für sich. Bewegungslos, den Kopf immer aufgerichtet, breitet sie sich aus, hockt da, klammert sich mit fünfblättrigen, langen Fingern und Schneidekrallen am Stamm fest. Kurz sind die Beine und breit, sie tragen den geballten Rumpf.

Sie macht zwei Schritte, muss immer zunächst die Schulterpartie auf der einen Seite anheben und zieht dann das Bein nach. Jeweils drei Beine heben das vierte und machen ihm Raum für die Bewegung. Trügerische Schwerfälligkeit entsteht, weil der Bauch Millimeter über der Baumrinde schwebt und sich nach dem kleinen Schritt sofort wieder ablegt. Mit einem blitzschnellen Ruck dreht sie den Kopf ein bisschen seitwärts, leicht schräg schaut ein Auge oben am Schutthang etwa auszumachen. Sie sichert in der Starre einer Kaktee.

Die geräuschlos auftauchenden Echsen sind geeicht, trainiert, assimiliert, immun. Die Zähne sind verborgen, sie müssen härter als Granit sein, als Platin, als Stahl, als Diamanten. Auf ein Zeichen durch Anschlagen des langen, in eine ganz feine, dünne Spitze auslaufenden Schwanzes erheben sie sich, die in der Kloake überlebensfähigen Echsen, kommen aus den eindickenden Teichen und einfeuchtenden Abfallhalden hervor, überjagen das Glas, preschen in die Reststädte.

2

Mächtige Bullaugen zwischen allem und allen. Über den flachen Kunsthügeln sitzen die Menschen in regelmässiger Entfernung. Monoton klopft langsam eine riesige Maschine, von irgendwo dringt ein plätschernder Ton, ausfliessendes Öl oder blubbernder Teer. Es riecht nach verbranntem Gummi und zersägten Eisenträgern. Dunkelgrau ist der Himmel.

Die Menschen dösen, bewegen sich langsam dann und wann. Sie sind nicht unterscheidbar, neutralgeschlechtlich, ähnlich gross, alle schlecht ernährt, mit Ersatzstoffen gefüllt, ausdruckslos, apathisch. Auftauchende undeutliche Kinderstimmen werden sofort weggetragen von einem zu warmen Wind. Die Bäume sind nur noch schwarze, schräge Balken, der Boden ist mit gelochten Stahlplatten ausgelegt, einzelne schwärzliche Grasbüschel bilden einen Belag.

Die Sprache ist zersplittert, die Gestalten rufen sich manchmal einzelne Laute und Silben zu, niemand antwortet. Es hallt, als wäre der Himmel ein Höhlendach. Hinten hat es dichtgedrängte Gruppen, alle klammern sich dort dicht aneinander, bilden einen Knäuel, zucken gemeinsam. Niemand stirbt und alle sind wie tot. Weder Liebe noch Verachtung sind möglich. Nur ein eingepferchtes, dräuendes Zusammenrotten ist im Gang und ein verkrampftes, ermattetes Alleinsein. Von weit sehen die Hügel aus wie Teile einer Fläche. Keine Orte, keine Zeit, nur die alles einebnende Flucht.

Alle haben Dosen dabei, aus denen alles Nötige geliefert wird, damit der Zustand erhalten bleibt. In der Dose ist Schminke, Spielzeug, Geld und ein Apparat. Langsam öffnet jemand seine Dose, es dringen Satzfetzen über die Ebene, Satzfetzen wie „War so schön …", „ … wenn ich das alles vorher gewusst hätte …". „Ist das blau oder grün? Am Sonntag bestimmt." Plötzlich nicken sich alle zu und nicken in sich hinein, kurz. Dann erstarren sie wieder.

Hallendes, auf- und abschwellendes Gelächterecho von weit. Das aggressive Hecheln zahlreicher Hunde ist kurz hörbar. Sie verwildern, streunen. Unter den Hügeln ist eine triefende Welt, die Erdbebengeräusche von sich gibt und die Stahlplatten erzittern lässt. Niemand kennt sich. Vom heissen Winde hergetragene Eisentöne trocknen aus, beginnen zu knistern, grelle kurze Lichtbogen zu ziehen und schwinden weg.

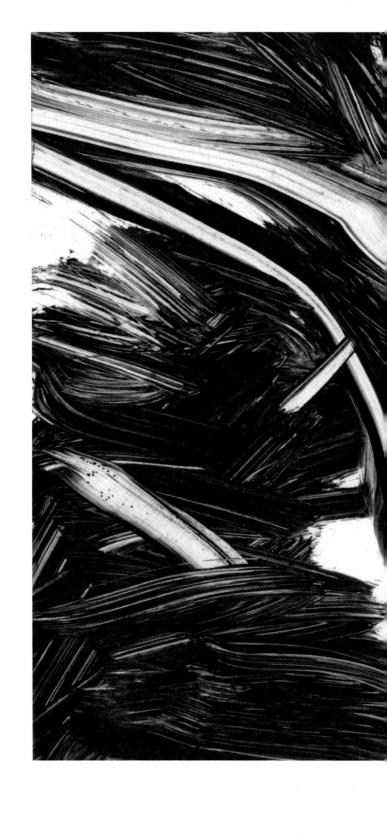

3

In der Mitte der Beiz an der länglichen Steinplatte über dem Gusseisenheizkörper stehend lässt sich alles wunderbar überblicken, Emmi bringt noch ein Bier und es wird rundum palavert, was das Zeug hält, da geht die Fuhr ab.

Kommt einer aus der dunkleren Ecke, der alleine, eingesunken dort sass, im Schwankeschritt an mir vorbei, riecht wie länger tote Mäuse, er ist dürr, ausgelaugt von den Drogen, gelblich die Hände, die Fingerkuppen aufgedunsen, die Fingernägel blau unterlaufen, zielt prächtig geglückt an mir vorbei Richtung Wandtelefon. Das hängt im Durchgang zu den Pissoirs im Geläuf. Untendran klebt ein Münzautomat. Mit Zitterfingern klaubt er langsam und doch gehetzt die paar Rappenstücke, röhrt vor sich hin seinen Dauerfluch wie ein Paternoster. Jetzt glättet er einen grünen kleinen Zettel am Apparat aus, drückt ihn mehrfach über die Kante, damit er die notierte Nummer lesen kann, jetzt muss er den Zettel hinlegen, damit er mit der Hand wählen kann, aber der will immer fortwinden, also hält er immer ganz kurz den Zettel und wühlt wieder eine Zahl, ein gespenstisches Unterfangen, das aber gelingt nach mehreren Anläufen.

Ich verliere ihn kurz aus dem Blick, weil sich ein Gruppe junger Frauen und Männer einfindet, die suchen Platz, finden ihn, sie verteilen sich, lachen. Zwischen zwei jungen Frauenköpfen, zwischen einem milden Profil und einem Rossschwanz mit verziertem Zopfband hindurch wird er wieder sichtbar, zittert jetzt mit dem Kopf, wartet, lacht vor sich hin, macht sich Mut. Dann erzählt er undeutlich etwas, langsam, kompliziert, sich wiederholend, liebevoll, gibt ein Lachen von sich, dann mehrfach okay, gut, schongut, klar, hä? Er hält den Hörer plötzlich weit von sich in der Schwebe zwischen Achselschweiss und Gabel, zwischen sich und dem andern, lacht in sich hinein, bleibt so stehen, macht einem durchdrängelnden Wanst mit Harndrang Platz, reibt sich mit der freien Hand ein Auge, lacht nochmals laut, zeigt seinen grässlichen Gartenhag hinter den blauen Lippen, hängt endlich auf.

Er zieht sich seine Hose zurecht, links hinauf, rechts hinauf, vorne hinauf, fragt, mit einem Schritt auf mich zukommend, wo das elende Pissoir sei, einer in der Beiz reisst seinen Arm hoch in ungefähre Pinkelrichtung. Der Harngedrängte reibt sich körnigen Augenziger aus der Lidecke neben der Nase. Dann lässt er seine Hand kreisen und fallen, eine Träne hängt an einem Auge und reisst nicht ab. Die schwarzhaarige junge Frau vor mir greift mit beiden Händen hinter ihren entblössten Nacken, hat das verzierte Zopfband im Mund, wirft die Haare hoch, dreht sie einmal ein und zieht das Band blitzschnell neu um den Ansatz.

4

Zu ihrem neunten Geburtstag hatte sie Sébastien, einen Freund aus ihrer Klasse, einladen dürfen. Sie wartete schon um sieben auf ihn. Komm jetzt frühstücken, Katrin, rief die Mutter, die Einladung ist erst auf Nachmittag, wir gehen dann zusammen in den Park. Katrin stand am Fenster, es wartete mit ihr, umgab sie. Die Dinge redeten ihr zu: Was wird er dir mitbringen, du hast deinen gelben Pullover angezogen, wenn er kommt, bist du immer so heiter. Katrin rannte zum Tisch, holte die Post vom Briefkasten, rannte zum Milchmann und zum Bäcker, hüpfte zurück, liess sich von der Mutter umarmen und küssen und ging dann auf ihr Zimmer, roch in den Schulsack, in das geöffnete neue Schulbuch und drückte einen Sticker auf die letzte Seite des rosaroten Poesiealbums. Einen krabbelnden, silbern gezackten und rotschwarz leuchtenden Maikäfer mit breiten Fühlerkämmen.

Sie sah den Tisch unter sich an, diesen starken, festen Tisch mit den mit den Fingernägeln nachgegrabenen Furchen der Holzmaserungen und den Kritzeleien. Und den Stuhl mit den dicken Beinen, seiner geflochtenen Sitzfläche, die sich unten auf den Oberschenkeln abdrückte, wenn sie lange drauf gesessen war. Und sie schaute wieder durch das Fenster. Das letzte Mal hatten sie Tiere gespielt, tollende Kaninchen, da waren sie zusammen in der Höhle. Also unter dem kleinen Vordach hinter der Garage im Garten. Da kuschelten sie. Sie roch wieder das Gras, spürte den Tau an den Beinen, die feuchten Socken in den Sandalen, den Sand an den Händen, die man abstreichen konnte auf dem Gras. Sébastien hat eine schöne Stimme, dachte sie.

Sicher würde er ihr ein Geschenk bringen, vor ihr stehen bleiben, sie anblicken, zu Boden schauen. Sie sah lange durch das Fenster, bis er dann kam, etwas zu früh. Er blieb stehen. So harrten sie eine Weile aus, als seien sie gebannt. Ein bisschen Wind brachte Mutter mit ihrem leichten Begrüssungs-Wuscheln durch Sébastiens Haare, nachdem sie ihn ins Haus gerufen hatte. Sébastien grinste stumm. Die Sonne warf einen Schimmer auf seinen Hals, er zog aus der Hosentasche einen Globus-Spitzer mit einem Spitzerloch, eine kleine, metallene Weltkugel, die man aufklappen konnte, um die Spitzereien auszuleeren. Er streckte das Ding Katrin hin. Zum Geburtstag. Sie wusste nicht, wie sie sich bedanken sollte und strahlte ihn verlegen an. Als sie in den Park gingen, lehnte Sébastien sich an die früh aufbrechenden Ahornbäume, riss halb abblätternde Rindenplättchen los, Katrin rannte mit den andern im Kreis herum, wollte ihn mitziehen, er sträubte sich. Manchmal hatten sie Kaninchen gespielt, sich überhüpft und sich angeschmiegt, aber es hatte kein Garagenhinterdach, irgendwie war der Park auch zu gross. Sie machten sitzend Rücken an Rücken, assen so den Apfel und das Kuchenstück. Dann drückten sie noch ein bisschen die Hinterköpfe aneinander, wer stärker ist gilt nicht.

5

Zuletzt waren, am Ufer, halb im Wasser, die beiden urzeitliche Walrosse, bäumten sich aneinander hoch, plumpsten wieder zurück, suhlten, wälzten sich, bestiegen sich wieder. Oder zwei Nilpferde oder Nashörner, eine lange, schwerfällige Geschichte. Die Bettlaken immer nass, es war ein Kleben, eine haltlose und ungehaltene Schlaflosigkeit bis zum halbstarren Tiefschlaf, aus dem es lange kein Erwachen mehr gab, dann wurde gegessen, dass es krachte, es war ein Dräuen, Käuen, Drängen, Drücken, Dringen, Eindringen, Schwerenötern. Schwären gab es, Liebesschwüre, Liebesgeschwüre.

Und plötzliche Schnellliebesanfälle, ein Art Liebesniesen, viel Wein zuvor, Omeletten und Dessert nachher, Liköre, Magenöffner auf Vorrat und anschliessend Verreisserschnäpse, die das Ganze irgendwie wegverdauen sollten, bevor es wieder und wieder neu losging mit dem Schnaufen, Ächzen, Dröhnen, Bettbelasten. Es feuchtete an den Wänden, grünte ein bisschen zwischen Wand und angefaultem Teppich. Sie gingen in all dem, in sich selbst unter, es roch nach Eukalyptus, nassem Hund, Lavendel, Marlboro, Moschus, Moor.

Jetzt, es ist Zauberei, scheinen und werden die beiden aber auch plötzlich zwei Vögel, gefiederte Zeitgenossen, Möwen im Flug über der Klippe, ohne Flügelschlag sich tragen lassend oder leicht flatternd, nur das Nötigste für die Drehung, das Sinken, das Steigen aufwendend, mehr schwebend übereinander, sich kaum berührend, den Flaum fühlend. Winde streichen über sie, ihr Bett ist die Düne, der Sand warm, das Rieseln fein, ermunternd. Die Fische springen, richten sich auf, drehen blitzschnell, tauchen wieder ein ins Element, gebäumte Fische, zarte Liebeskrallen kräuseln die Haut, es ist ein Streifen, ein Streifzug, die Wellen aufreizend ohne Berührung, das Auf und Nieder in sich drehend, sich wiederholend, immer erfrischt, neu gekühlt.

Es sind die wippenden Sandgräser, die flügelnden Schmetterlinge, Wolken wie Himmelsdelfine, Sternschnuppen am heiteren Tag, ein leises Sprühen, Glühen, dann und wann ein Tropfen Gischt, einen Jubel in die Lust gehisst.

Vom Landesinnern her immer wieder ein Hauch Lindenblütenduft. Dann der betörende, sommerliche, heisse, leicht bittere Hauch der Pinien. Und immer wieder die Salzkristalle auf der Zunge von den Lippen geholt, dem bergenden, milden Seewind abgeluchst. Weit draussen die ein oder zwei Segel, kaum erkennbar.

6

Jean und Jane, die zwei denk ich mir weiter. Jean und Jane des Lebens und der Liebe und des Glücks! Genitivmetaphern dienen der Verallgemeinerung des Lebens, seiner Gleichmacherei, der Lüge, des Verschummerns, des Klitterns. Jean und Jane jedenfalls haben es satt, sich die Gründe der Jugendrevolte erklären zu lassen. Gründe, die den Eindruck erwecken, alles sei göttliche Fügung. Als Bauer geboren, Bauer sollst du bleiben. Oder die Allgemeinplätze in den Studentendebatten: Global kommt mehr und mehr. Auch die Digitalisierung, die Abschaffung des Datenschutzes. Das kommt einfach. Die Globalisierung, die Qualitätssicherung der Qualitätssicherung, die Kürzung der Renten, die Erhöhung der Krankenkassengelder, die Zunahme des Verkehrs, die Klimaveränderung. Das kommt einfach, lieber sich darauf einrichten als leugnen. Mitmischen, mitprofitieren, es nicht so negativ sehen.

Auf den Gräbern der Anpasser werden sie sich lieben, das träumten sie, Jean und Jane, auf dem ewigen Soldatenfriedhof, in den letzten und ersten Winkeln der Nacht und des Tages. Die Bässe dröhnen zum Zerspingen, die Lautsprecher sind voll aufgedreht, die Hände weit über den Köpfen, die Leiber in Trance. Feuerzeuge brennen. Der neue Schützengraben funktioniert. Die Band haut in die Saiten, ins Schlagzeug. Die Zukunft ist gerettet. Die Liebenden überlieben alles. Sie werden im schlimmsten Fall frühsterblich sein. Unsterblich sind sie trotzdem.

Ich komme nicht los von meinen Kopfgeburten, diesen Jeans und Janes. Ich rolle mich mit dem Rollstuhl zum Fenster: das zu Schwärze gealterte Fensterbrett, die Fenster mit den wellig einreparierten Kittfugen, die Vorfenster, befestigt mit je vier Metallhaken, welche in die grauen Umrahmungssteine zwischen Vorfenster und Fenster eingelassen sind. Durch das Glas mit eingeschlossenen Luftbläschen wird der Innenhof sichtbar, der Baum über den schwarzen Gittern, welche die Sektoren der Wohnblöcke definieren. Einzelne, abgeschlossene Durchgänge zum kleinen Baum, ein alter Holunder, unter dem eine Bank steht, auf der nie jemand sitzt. Seitlich die drei Rollcontainer mit den grossen Hebe-Deckeln für die Abfallsäcke. Einer nicht mehr schliessbar, die Deckplatte ist verkrümmt, steht seitlich aufgekrümmt in die Luft. Die kleine Katze, schütter, ausgemergelt, beim kleinsten Geräusch aufschreckend zwischen den dunklen Eimern, in denen teils Glassplitter, teils leere Farbbehälter liegen.

Ausser dem tropfenden Wasserhahn und den Geräuschen der Wasserleitung höre ich nichts. Der Strassenlärm ist immer da, er dringt durch die Fenster, er wird überhört. Jedes Mal, wenn jemand auf der Toilette ist im Haus, hören es alle, die alten Wasserleitungen sind Spione und Melder zugleich. Wie ein Fisch glotze ich hinaus, hinunter, hinüber. Auf den Dächern die Dachgitter, die Dachgärten, die Dachstühle an den Dachterrassentischen, die unzähligen Kamine, ungewaschene Wäsche liegt vor den Fenstern, hängt an den Fensterkreuzen, Turnschuhe liegen auf den Simsen, Socken, Flaschen. Don't worry, be happy, be happy now!

Ich sehe mit euch Verkabelung, Natelnetze, Verlärmung, Überschwemmung durch Werbung, Dauerberieselung mit Filmen, das Schaffen von speziell prägbaren und gefügig geprägten, imprägnierten, marschbereiten Persönlichkeiten durch Filmindustrie und Kundenmanagement. Der globale, unabsehbar lange und perfid verdeckte Weltkrieg ist im Gang. Irgendwie ist alles Matrix und Makulatur, alle haben den Film gesehen: Zukunft bloss irgendwie. Unklar.

Meine Jean und Jane jedenfalls haben es satt. Sie rutschen zunächst auf den Plastiksitzen herum, als sie am Openair-Festival ankommen, schwärmen für die Kunststofflichkeit, bewundern die Kabel und Boxen der Band, die Lastwagen gestopft mit Konzertmaterial, die Verkabelungen im Stadion, die über die Köpfe hinweg gezogenen Leitungen. Weggeworfene Fritten und Frittentüten, umgekipptes Bier, Dosen, Becher, Schlick. Erst recht, als es zu regen beginnt.

Es regnet an mein Fenster. Meine rechte Hand liegt auf dem Heizkörper, die linke auf dem Rad. Wenn ich mich aufstütze, zieht sich die linke Hand etwas weiter gegen meinen Schoss zu, die Streckung aus dem Rollstuhl zum Fenster schmerzt etwas, der Ellbogen sticht. Die Kinder waren noch gestern oder vorgestern mehrfach um den Block gerast, tauchten ausser Atem im Hinterhof auf, rasten an den Gittern vorbei durch die Türen und verschwanden durch die Einfahrt aufs Trottoir, kamen hinten durch eine Waschküchentüre wieder hervor. Ich höre ihre Schreierei und hohes Lachen, als wären sie gerade jetzt noch im Hof.

Das Schrille verklingt wieder, die unablässigen Autogeräusche versinken in einen kleinrhythmischen Dauerwind, Wölfe heulen derzeit irgendwo weit weg, Wölfe in Sibirien, das wäre es, die Transsibirische nehmen können und verschollen bleiben in Wladiwostok. Dort liessen sich die Stürme aushalten. Die Gerbung wäre schön, vom Schnee, von der Kälte, von der Arbeit draussen. Die lange toten Eltern waren noch gezeichnet von Wind und Wetter. Ich würde in Wladiwostok aus dem Haus rollen, mich überflocken lassen, ausharren, Bleibe gewinnen.

Jean aber sieht jetzt, sieht Jane, Jane Jean. Sie küssen sich mit Mund, Händen, Schultern, Körpern, umschlingen sich, trennen sich, umfangen sich. Er trägt ein NY- Shirt, sie ein Cuba-Leibchen. Über ihrem Bett in der Einzimmerwohnung hängen Che und Cobain, ein Kommunistenstern und ein Chevrolet Poster aus früher Zeit, Schiffe in den Strassen von LA. Sie werden sich lieben auf allem Schund, allem Schlick, aller Schweinerei, über den atomaren Ausfällen, den ausgetrockneten Wüsten Mitteleuropas, dem überschwemmten Nordamerika, über den Rollstühlen und Kriegsversehrten. Zyniker und Ignoranten der Liebe werden keine Chance haben. Sie haben sich auf eigene Weise verkabelt. Kabellos.

Ich fahre den Rollstuhl seitlich ans Fenster, parkiere mich neu, so kann ich, wenn ich bloss den Kopf etwas drehe, ohne Anstrengung hinausblicken. Ob die in der Transsibirischen einen echten Samowar benutzen, mit richtigen Russen in den Abteilen und unter Fellmützen, tief singend hinter Fenstern mit Eisblumen? Ob man in Griechenland oder im Tessin noch Lieder singt in den Kneipen. Ob man in Paris Camus kurz sehen kann in Schwarzweiss im Jardin du Luxembourg. Oder Eskimos auf Hundeschlitten, nicht posierend für Fotografen. Der Hinterhof und die dunklen Eimer tun mir gut, sie bleiben. Ach Jean, ach meine Jane.

7

Eines Morgens erwachte H und überlegte sich, was er heute tun werde. Er wusste es nicht, mühte sich, konnte sich nichts ausmalen. Also stand er auf, weil er gerade aufstehen wollte, ass ein Konfitürebrot, weil die Konfitüre und das Brot gerade auf dem Tisch standen. Er konnte noch kurz vorausschauen, dachte, jetzt habe er dann das Brot fertig, jetzt nehme er noch ein Joghurt und dann ein Glas Milch. Weiter nach vorne ging es nicht. Er stieg in sein Auto, fuhr zur Arbeit, arbeitete anfallende Aufgaben fortwährend ab und suchte in seiner Agenda nach Einträgen für morgen. Überall Weiss, keine Bemerkungen. Er fragte seinen Nachbarn, der nannte ihm einige Kleinigkeiten des Nachmittags, tat sehr angewidert, er sei doch nicht seine Sekretärin. H nahm sich vor, seine Agenda in Zukunft seriöser zu führen. Aber welche Zukunft, er konnte sich nicht vorstellen, wie es morgen sein sollte, was überhaupt ist das, morgen, es war ihm abhanden gekommen.

H stellte seit längerem seine Fragen öfter mit der Einleitung, ob er schnell dies oder jenes tun könne, er wurde mehr als sonst gefragt, ob er schnell warten könne, schnell die Ordner reichen könne, schnell telefonieren könne. Er fragte sich, wie er schnell warten könne, er wartete einfach. Und wenn er schnell den Ordner reichte, fiel er dem andern zu Boden er wurde als unfreundlicher Gispel in den Korridor gejagt. Schnell telefonieren funktionierte, er sprach so schnell er konnte. Aber dann wollten die Angerufenen immer alles wiederholt haben und er sprach noch schneller, bis man ihm auflegte und er ins Zwischenlager versetzte wurde, wo er nichts mehr zu telefonieren hatte. Die Abstände in die Zukunft wurden immer geringer. Er stand auf und wusste vor lauter Jetzt nur noch den allernächsten Schritt. Immerhin diesen noch, daran konnte er festhalten.

Die vereinzelt noch lobenden und die tadelnden Sätze knallten an ihn heran wie an eine Betonwand, weil er nichts mit ihnen anfangen konnte, er wusste nicht, wozu er die gebrauchen konnte. Er hörte weniger, verstand weniger und sprach kaum mehr. Schnellimbiss jagte Schnellimbiss, überall standen seine Fotographen, seine inneren, die fotografierten sich wund, hielten ein

Blitzlicht nach dem andern fest, er jagte von Blitzlicht zu Blitzlicht, wurde digitalisiert. Schliesslich wurden die Ereignisse nur noch für die Fotografien erstellt und dann sofort wieder abgebrochen. Und nach geraumer Weile wurden sie fotografiert, bevor sie überhaupt stattgefunden hatten. Man liess sie dann ausfallen. Man fotografierte die Photographien. Seine Ereignisse fanden nur noch gerade innerhalb einer Sekunde statt, innerhalb des Millimeterstrichleins auf dem Metermass. Die Spiegel vor ihm barsten in Millionstel, die Luft war angefüllt mit Frostkristallen soweit er sehen konnte.

H verlor sich, sonderte sich ab, stellte sich taub, starrte in sich und in seine hinter der Stirn geisternden schwarzen Brillenhämatome, er war ein einziges Zittern und Wundsitzen. Das Geschrei um einen Ausverkauf oder eine politische Aktualität konnte ihm nichts anhaben, genauso wenig konnte er sich an etwas erinnern, auch die stimmungshaften Erinnerungsräume wurden knapper. Er wurde zufrieden dabei, unbekümmert glücklich, es gab nur noch die reine Gegenwart. Nur das Jetzt, ein zeitloses Jetzt. Die Auflösung. Rund um ihn lagen bald Kunstrosen, man verehrte H angstvoll und weinerlich. Innerhalb einer Sekunde tauchten hunderttausend Leute auf, die von ihm Abschied nahmen, die RIP- und Kriechgänge übten für kopierte Höflich- und Zärtlichkeiten hinter vorgehaltener Hand.

8

Nach seiner letzten Vorstellung wollte der Kabarettist noch nicht nach Hause gehen und zog durch die verwinkelten Altstadtgassen bedächtig, tief unter seinem breiten Hut eingesunken, versteckt hinter dem hochgeklappten Mantelkragen, Schritt für Schritt wohl setzend, einen kleinen Steigerhythmus findend, die Gasse hoch, sah die kleinen Regentropfen, die vom romanischen Portal des Münsters sich fallen liessen, die grässlichen Ungeheuer im Sandstein, den verlassenen Kreuzgang.

Beim Abfalleimer an der Ecke räumte er in einer Laune seine Taschen leer, alte Zeitungsartikel, in einem Anflug von Nostalgiewillen ausgerissen, aufbewahrt, mussten weg, halbe, alte Papiertaschentücher grub er hervor und mehrere kleine Kieselsteine, die er kaum noch tragen konnte manchmal, wenn er sich plötzlich vorstellte, er würde zum Clown, bloss weil er etwas Grösseres auf den Schultern transportierte, einen gerollten Teppich aus dem Brockenhaus oder einen mittelgrossen, alten Tisch schulterte, einfach so, quer über den Platz, das Theater wäre perfekt, die Leute blieben stehen, er musste nur noch eine Kunstdrehung absolvieren, schon dächten alle, das gehöre zu einer neuen Performance. Das würde ein Klatschen sein, heimliches Herzerfreuen! Er grinste breit und quer in den Nachthimmel.

Eine anhaltende Selbst-Anekdote war auch der innere Blitz, der ihn manchmal durchzuckt hatte, der Stromstoss durch den Körper, der ihn aufschnellen und erstarren liess, Anlehnung suchen liess, das Herz aufriss, ein unstillbares Bluten nährte.

Gerade weil es späte Nacht war, erinnerte er sich an die hellen Tage, an die alten Kirschblütenstürme, an die Düfte von Lindenbäumen, an die Orangenhaine Siziliens, an die Zitronenbäume. Und nun hatte er also sein Stück gegeben, dreissig Leutchen im Kleintheater, herzhafter Applaus, das schon. Plötzlich wurde alles zum Zitat, das Verbeugen, der Auftritt, die Gesten. Er spiegelte wieder, was auf ihn einprasselte.

Und trat wie einer, der eintritt, in die nächste Bar ein, setzte sich auf den Hocker, wie einer, der sich auf den Hocker setzt, bestellte kühl eine kühle Stange wie man kühl eine kühle Stange bestellt und sah erstmals die im Kunstblau der Wandlichter herunterhängenden Rosen, Plastikrot auf Hyperblau.

Und nach dem dritten Becher blieb er hängen in einer Pose, die ihm auch auf der Bühne behagte, sah die in den Nacken gelegten Hände vor sich über sich im Spiegel, daneben einen weinroten Mund zum Weinen schön. Das Muster ihres Kleides führte zu den weissen Schultern, sie wandte sich leise ab, er blieb an ihr hängen, sie wandte sich ihm wieder zu, lächelte, er lächelte, sie spielten das Blickhalten, wer gibt zuerst auf, niemand, da setzte sich ein Dicker zwischen sie, sie sprach mit ihm, schaute dann über seine Schultern wieder zum Kabarettisten, der eine Art Neubeginn rekonstruierte, wenn alles neu anfangen würde, verlorene Illusionen neu aufleuchten würden. Ihre Traueraugen spiegelten eine Ahnung, eine Dämmerung. Sie ging, er blieb, nächster Auftritt heute Abend. Verharren bis dahin, aufgehen im Kunstrot. Als es zu tagen begann, schob ihn ein Garçon vor die Türe, niemand war da. Das Kopfsteinpflaster war sanft uneben, hart, frisch, es klopfte regelmässig gegen seine übergrossen Schuhe und trug ihn nach Hause.

9

Ein grosser, leerer Saal. Nur ein Stummer mit abstehenden Ohren, ein Alter, Sie und eine hörbar Norddeutsche an einem kleinen Jasstisch. Ein Stummer will die Karten verteilen, tut es aber nicht. Sie betrachtet und zeigt Photos. Ein rauschender, flimmernder, alter Fernseher.
Ein Alter Service? Ja damals im Krieg. 45. Das war … wir hätten dem schön aufs Dach gegeben. Wir hatten halt noch. Nicht wie die andern. Auf dem Passwang. Und dem Chasseral. War lang.
Sie Egal. Ewig dieser Krieg. Was musst du immer wieder damit beginnen.
Eine Norddeutsche Ja gib doch, gib aus, Elefantenohr, dann machst nichts Dümmeres. Als ich fünfzig gewesen bin, habe ich mich erkundigt, welche Rolle mein Vater im Zweiten Weltkrieg wohl gespielt hat, das war ein Tabuthema zuhause, nicht wahr, man hat das zunächst verdrängen müssen, um daran nicht zugrunde zu gehen. Und dann, als alles auskam, hat er sich trösten können damit, dass er ja nur Wehrmachtsoldat gewesen ist und nicht bei der SS. Das hat der Vater so verbreitet. Mein Vater war ein netter Mensch. Da haben wir annehmen können, dass es irgendwie auch ein normaler Krieg gewesen sei, mit Genfer Konvention und so.
Sie *schaut hinaus:* Gibt's endlich den Kaffee mit Seitenwagen oder nicht? Schaut doch mal hinaus. Da spielen diese sprissigen Knaben Fussball zwischen zwei Abfalleimern und gegen ein Garagentor. Mit diesem kaputten Ball. Die Strasse hinter dem Eisenzaun ein Messerschnitt durch das Quartier. Wenn der Ball hinüber fliegt, zu den andern, dann danke. Bei uns ist das nun mal so, einen Schmelztiegel nennt man das, im KZ hat man auch eingeschmolzen. Die sollen bloss dort bleiben, wo sie herkommen.
Ein geschnittenes Video wird sichtbar:
Hausfassaden, Wohnsilos, graue Agglo hinter einer Strasse, alt und hoch. Unten sind, tiefer als die auf Betonpfeilern sich hinziehende Strasse, die Einfahrten, ein Waschsalon, eine chemische Reinigung und ein Minimarket. Plastiksäcke liegen auf dem Trottoir. Ein Schwarzer hockt am Boden, lehnt an einen Hydranten. Viele eilen grau und übergeschäftig vorbei. Dann niemand mehr. Stadtschmutz. Lärm.
Die Norddeutsche Auf der Foto, da, ein Kind am Verhungern. Und ein verfaulter, halbgefrorenen Ivan, wie man damals gesagt hat, Läuse hat man

gehabt und Flöhe, die Krätze, damals, die ganze Haut voll belegt. Die Ruhr, das war das Schlimmste. Infektion mit Shigellen. Das ist mir geblieben: Shigellen. Die haben wir uns als Kinder immer vorgestellt als Insekten. So Krabbenmücken. So Krebs. So Aids.
Stille
Los Stummer, mach doch endlich, was gaffst? Halt so. Im Labyrinth des Schreiens, des Befehlens, der Kanonen, der Geschütze, des Eisens, da hat man sich halt zurecht finden müssen. Es sind schon Ungerechtigkeiten vorgekommen. Befehl war Befehl. Halt so. Ich verstehe meinen Vater. Bei mir ist das gleich. Ich habe es aber besser. Filme halt und so. Fernsehen. Ich liebe die Weltmeisterschaften, die muss ich gesehen haben. Die schauen alle.
Stille
Und die Massenerschiessungen, die Zivilistenschändungen, die Folterungen. Im Vergleich zur Schutzstaffel hat man das nur selten gemacht, das ging halt nicht anders, das habe ich meinem Vater geglaubt. So geht es mir auch, ich kann auch nicht alles tun, was ich will, ich mach auch oft, was die andern wollen. Schon recht. Chef ist Chef. Pflicht ist Pflicht, das ist normal. Angst ist Angst, was willst du.
Ein Alter Duda. Was glotzt du da stummer Fisch? Wo hast du bloss deine abstehenden Ohren her!
Sie Elefantenohr!
Ein Alter In der Schweiz hat es geheissen, pro Eidgenoss zehn Deutsche, später pro Eidgenoss zehn Russen, wie bei den Finnen damals, so wird es auch jetzt herauskommen, wenn der Russe kommt. Der Gelbe. Oder der Schwarze.
Draussen heulen Sirenen und man hört Streit in einer fremden Sprache. Der Alte steht auf und humpelt herum. Am Fernsehen läuft etwas wie die Tagesschau. Er schaut.
Die Festung Europa kann mit einem milliardenschweren Bunker verglichen werden. Man soll nur nicht so tun, als ob es je ohne Krieg ginge.
Video: Am Boden, draussen neben dem kauernden Schwarzen, liegt Hundekot, Schwerölresten, ein Stofffetzen hört auf zu flattern, ein halber Einkaufswagen steht im Bodengitter und eine halb eingetrocknete, schillernde Benzin-Lache ist sichtbar. Lange Stille. Die Gläser auf dem Tisch füllen sie sich nochmals, alle trinken und alle sind still, geladen, machen saure, dicke Hälse.
Ein Alter Mach, sonst gibt's eins an die abstehenden Löffel.
Sie Service! Kann man ein Fenster öffnen? Können wir nun den Jass fertig machen oder nicht!
Der Stumme verteilt.

10

Metalle schmieden, stanzen, fräsen, falzen, biegen. Die Eisenwarenfirma stellte Klobenbänder, Kuppelschrauben und Gewindestangen her, auch Türwinkelbänder, eiserne Kupplungen, ferner Kuhgatterverschlüsse an breiten Metallbändern, Beschläge, auch ganze Gartenhage, geschmiedete, eiserne, gehärtete Speere, denen man Querstangen einschweisst, praktisch nicht zerstörbar, wenn sie regelmässig mit Rostschutz grundiert und dann gestrichen werden. Vor der Firma, die nach verbranntem Eisen roch, war eine kleine Tankstelle, welche den Duft von Benzin darunter zog und immer Regenbogenschimmer ausglänzte. Kam jemand mit seinem Peugeot 304, seinem VW, seinem Opel Olympia, Opel Kapitän oder Borgward Isabella ging ein Arbeiter hinauf, betankte den Wagen und ging wieder zurück an seine Esse oder zur Stanzmaschine.

Man nannte die kleine Fabrik die Schmitte, sie war angebaut am Wohnhaus, von ihr führte eine steile Metalltreppe hoch auf die Laube im ersten Stock, von der man dann in die Wohnung gelangte. Die Metalltreppe endete, von oben her gesehen schwindelerregend, beim untersten Tritt abrupt vor einer dicken Eisentür. Bis zum Tode des Patrons in den fünfziger Jahren, der als einfacher Schlosser, armselig und aufopfernd auf Stör angefangen und es auf ein rundes Dutzend Arbeiter und zum Fabrikherrenstatus gebracht hatte, ging die Sache gut, dann brach sie zusammen von einem Tag auf den andern.

Die drei Söhne, bis dahin gute Arbeiter unter dem Vater, wollten alle die Firma übernehmen und ans Geld kommen. Sie zerstritten sich bis zu Drohungen, Erbhinterziehungen, Lügen, Dokumentfälschungen und anhaltenden Versuchen, die andern im Dorf in Verruf zu bringen. Das schien letztlich das Wichtigste, was die vom Dorf sagten und gesagt haben sollten. Ob dieser Unerträglichkeit zog sich der eine Bruder, von Winkeladvokaten übers Ohr gehauen, ohne Erbe zurück und blieb Arbeiter in einer Uhrenfabrik im Jura. Der andere liess sich auszahlen und gründete eine Konkurrenzfirma zum älteren Bruder, der die Bude übernahm, alleine und überschuldet. Die Schwester wurde geschmäht und unbestraft betrogen.

Eine weitere Schwester war seit Geburt geistig behindert, durfte nicht hinaus, nichts lernen, musste am Fenster sitzen hinter dem Vorhang und nur hinten hinaus, über den Hof, zum Bach zu, sie hörte dauernd Radio, ein kleiner Transistor war das Wichtigste in ihrem Leben. Immer wieder wurde sie von Jugendlichen von draussen gehänselt und sie verschwand ins Innere. Schräg und ungelenk starrte sie durch das Glas, schien im Fensterrahmen festgemacht. Niemand wollte sich um sie kümmern. Die Mutter mischte sich unglücklich in den Streit der Brüder ein, wurde vergrämt, verunglimpft, verrufen. Sie starb bald, niemand nahm die nun überflüssige Behinderte auf, sie kam in ein abgelegenes Heim. Die Wohnung und das Haus wurden weitervermietet, dann verkauft.

Die Schmirgelscheiben für das Roheisen hatten ihren Dienst getan, es riecht bis heute nach Metallspänen, der Goût von schwüler Beichte und schneller Absolution, von Schande haftet der Immobilie an, die Fabrikhalle steht leer. Durch die Fenster sieht man alte Blachen über den stummen Maschinen hängen, kaum jemand könnte sie wieder in Betrieb setzen. Harte, kleine Wülste von Maschinenfett sind zu sehen, die Scheiben sind vergittert, in einer Ecke hat es zerschlagene Kalksteine und einige Holzkisten mit Metallplättchen, fünfzig auf hundert, fünf Millimeter dick. Seit es die grosszügige Umfahrungsstrasse gibt, liegt die Tankstelle verlassen. Ein verwaschenes, verwittertes, abgeschossenes Benzinlabel ist im Verputz halb erkennbar.

Wenn es windet, knirscht und heult die Maschinenhalle, unter den dunkelgrünen Tuchen zeichnen sich die Schwungräder, Bohrstangen und Arbeitstische ab. Es pfeift durch die aussen mit einer schweren Kette verschlossene Schmitte, ein angelehnter Laden schlägt an, die alten T-Eisenstapel unter dem Wellblechvordach sind schmutzig, schwärzlich rot. Erde liegt darin, es wächst Gras und mächtige Brennessel daraus.

11

Viele standen auf alten Gerüsten vor blinden Fresken, versuchten, sich und ihre Visionen sichtbar zu machen, zu überleben. Schlugen sich die Nächte in den Gassen um die Ohren, auf Schreibgerüsten vor Satzbildern, in Ehrfurcht vor den Kumpeln, vor den Antiquariaten, in den Ateliers vor der Staffelei, in den kleinen Mansarden vor den Brettertischen. Aber nur wenige Auserlesene waren damals so unmittelbar, so intensiv und neugierig wie Ludwig Hohl in Paris 1926, als er eiligst seine Notate fertigt, jeden Morgen die Nachterlebnisse festhaltend, die Wanderungen durch die Stadt, wörtlich verzettelt zunächst und dann überabeitet, gefertigt, gekürzt, geschliffen, fixiert. Er sucht nicht die Berühmten, später den Kanon Füllenden, er findet die Scheiternden, die Kleinen, die Gestrandeten. Erfolg ist ihm nichts. Eigene Qualität alles. In einem schweren Mantel, im einzigen Paar Schuhe, mit einer alten, schweinsledernen Mappe, mit Bartstoppeln, sich die Füsse wund laufend, nächtelang die Stadt erwandernd.

Kaum liest er, erkennt er, was wie zu schreiben ist, kaum schreibt er, seziert er, eilt durch alles hindurch, lässt sich antreiben. Für einmal lässt er zunächst alles stehen auf dem Papier und in der Stadt, was ihm so aus der Feder und der Seele gelaufen kommt. Frédéric Sausers und Giacomettis Bruder für kurz. Für lang bruderlos. Intensität ist ihm wohl seine Art Glück.

Hohl muss mit dem Zug nach Paris gekommen sein, sie sitzt wohl mehrere Abteile weiter hinten, Hohl zugewandt, ihn nicht sehend und gegen die Fahrtrichtung. Sie liest. Sie denkt offensichtlich an dies und das, scheint zufrieden mit sich. Ein Hauch Minze schwebt über ihr, ein Goldflimmern strömt aus ihr in den Waggon. Frische. Jugendlichkeit. Gertrud. Ihr Aufstehen aus dem Bad, das lange Abtrocknen, die Selbstbetrachtungen allseits den Körper hinunter und wieder hinauf, wie weit man sich hinten sehen kann genau wissend, ausreizend die Versuche, ihre Ruhe und stolze Selbstgefälligkeit vor dem provozierenden Spiegel, das Einsalben, die Crèmes, das Trocknen und Kämmen und Aufstecken der Haare, das Spiel mit dem Auswählen der Kleider, das Auswechseln der Haarspangen, doch ein anderes

Kleid, doch andere Strümpfe und dies und das. Nur durch ausdauerndes Finden und Abwägen der Worte, durch zähes Arbeiten, das geht ihm auf, könnte er sich nicht bloss als notierenden Voyeur, sondern als würdigen Schriftseller sehen.

Draussen fliehen Mosaikbilder vorbei, die immer ähnliche und immer andere Zusammenstellungen erlauben, Hohls Blick aus dem Zug geht durch Dunst, Wasserglanz liegt auf dem herben Grün, langsam scheint das weite Land zu erwachen, sich wohl zu fühlen, als räkle es sich still und ganz langsam unter den Blicken. Sie hält den Blick fixiert auf das Fenster, lässt ohne Pupillenbewegungen die Szenerie an sich vorbeiströmen, taufrisch auch sie, ein wortloses Aufwachen wohl, ein offenes Land, eine Würde. Mit dem ersten Sonnenstrahl schattet der Striemen auf dem Glas auf das Gesicht, zieht sie sich zurück vom Blicken, zieht sich aus dem Blick in sich zurück, schmiegt sich in ihr Buch, wird gesehen, geniesst es, erhaben zu sein. So weit das Land, so ergeben. Offen und frei das Auge unter dem Lid.

Immer schneller driften draussen die Städte weg, die Felder fliehen, die Bäume kippen, die Telefonmasten wegpreschen, die Bahndammpappeln, die Garagentore, Scheunen, Bauernhöfe, Kühe, Kühe, Kühe, liegende Krane, Abstellgleise, Buschwerk. Alle für sich allein im Zug. Kein Wille mehr, Gelassenheit, Lässlichkeit. Als höbe sie ihren Finger an den Mund und mahnte Verstummen an. Verharren ist Hohls Ziel. Verweile Verliebung, du bist so schön. Er fällt ihm anheim, dem Pakt. Es hat keinen Zweck, den Schmerz weg zu lügen, den sie entfacht in ihm, so weit entfernt sie auch sitzt, bricht sie einen stechenden Riss auf. Alte Wunde. Er fühlt sich, immernoch gegen die Fahrtrichtung sitzend, wie Hansjoggel, wie ein Kasper. Grün.

Bald wird er wie ein mittelalterlicher Freskenmaler auf einem immer gefährlichen Baugerüst aus Rohstämmchen und Seilen stehen. Am höchsten Ort, am Wort, an der Decke, wo die alten Fresken verborgen sind, wo die zu erstellenden neuen Fresken harren, da ist die höchste Sehnsucht, da ist nur das eigene Schaben, Auftragen, Anstreichen zu hören, das Rauchen, das schwere Ausschnaufen, da ist die Einsamkeit gross, kippt ins Nichts oder in die Arbeit, in den Zustand geht sie über. Das Schreiben wie das Malen ist ein Entdecken für Hohl. Das einst Übermalte, das schon einmal Gedachte, dringt durch, Hohl sieht genau, was unter der Übermalung liegt, unter dem Papier, er löst es aus ihm hervor, malt nach, was unsichtbar schon da steht, schreibt, was er hinter der Stirne sieht. Kein Pathos, kein Epos. Satz- und Wortminiaturen.

In den dunklen Gassen dieses Paris geistert das Liebeslachen der andern, bringt ihm ein tränenloses Weinen hervor, ein steinernes Würgen. Hohl kann am Strand gehen und doch ertrinken im Meer, er kann unten bleiben und oben sein, durch Paris die Füsse wund laufen und doch über alle Dächer und durch alle Zimmer fliegen, strömen. Zerfliessen in die schwarze, kopfsteinerne, qualmende Spätherbststadt. Eine Welt voller Entdeckungslust, seine Tiefsee. Wenn er schreibt, erinnert er sich an den verstummten Vater, an kämpfende Kinder, an sein Kämpfen. Er bekommt sich, gegen seinen Vorsatz, nicht aus diesen Fragmenten heraus, im Gegenteil, er entdeckt Autobiographisches neu. Die Brot- und Nussmahlzeiten, die Billigweinflaschen, die abgestandenen Parkanlagen mit den wulstigen Eisengeländern, die mächtigen Nachtgitter, der Duft nach Terpentinersatz bei seinen Freunden, die oft keine waren, die scheiternden Existenzen, die ringenden Maler, die verachteten, die verzweifelnden Schriftsteller.

Hohl hält sich an seine Notizen, die immer schon da waren, die er erstellt und nochmals erstellt. Die Notizen 1926 sind Grashalme, schneidende Grashalme am Strassenrand, um die von Urin und Hundekot geschwärzten Stadtbäume, Grashalme der dürstenden Liebe. Tausendmal vorbei gelaufen, halb niedergetreten, tausendmal genau betrachtet, mitgenommen, verinnerlicht, durchgetragen.

Und manchmal ist er wohl verloren gegangen für kurze Zeit, wusste nicht mehr, wo er war, liess sich die Kommas und Vokale um den Kopf fliegen, hasste sie, hatte Magenschmerzen, schloss die gelesenen Bücher, die eigenen Schriften warf er weg, zehnfach neu geschrieben. Nach genau einem Jahr fährt sie weg in einem dieser Waggons und er etwas später auch. Es ist vorbei. Während einiger Tage in Paris 1926 deckten sich Hohl und die Stadt, die Kneipen, die Freunde, das Schreiben, die Zeit, die Maler, Lichter und Schwärzen, alle auf alten Gerüsten vor blinden Fresken.

12

Liebe Sarah Kane, dein Stück „Gier" war so stark, lieber Bernard-Marie Koltès, Aids hat dich von den Beinen geholt und kein Plastiksack über dem Kopf wie in deinem Stück „Zucco". Ihr hättet euch nicht so früh aus dem Leben und von eurem Theater verabschieden sollen, ich hätte euch und eure Kunst noch gebraucht. Ihr lebtet Radikalität und hattet das Momentum für euch. Ich muss mir jetzt immer vorstellen, wie das war. Entfernen, abhauen; sich abhauen, vom Strick sich abhauen, an dem man ein Leben lang hängt, an dem man sowieso hängt, und dann zu Boden stürzen, zu Tode stürzen, man ist ja immer am Stürzen. Oder sich den Tod holen. Aber: Nicht dann, wenn sich die Falltür öffnet, sondern weil und wann ich es will, den Schemel selber wegkicken, den Ruck im Genick noch verspüren und zappeln und aus. Kann ja auch mit Gift geschehen oder durch selber herbeigeführten Sturz vom Dach.

Die beiden würden sich treffen. Die beiden würden sich positionieren. Sie läge, halb aufgestützt, mit angezogenen, gefalteten Beinen. Er sässe steif auf der Bettkante vor ihr, die Hände auf den Knien, die Arme gestreckt. Er verdeckte sie, hätte es Publikum gehabt, zu einem guten Teil, er fast unbewegt, sie aufgewühlt, wände sich, gestikulierte, machte grosse und dann wieder zusammengekniffene Augen, zöge sich immer wieder in die gleiche Einkrümmung zusammen. Er starrte in eine Ecke, zur Decke, in die andere Ecke.

Manchmal war es wohl so still und bewegungslos, dass sie auch nichts mehr sagen konnten, dass der grösste Energieaufwand darin bestand, irgendwie das Schweigen, das Anschweigen, das endgültige Erstarren zu durchbrechen, egal mit welcher Banalität. Er sagte, sich selbst beschämend, etwas von den Rechnungen, die zum Glück schon bezahlt seien. Sie nahm das auf, bestätigte seufzend, nickend. Dann war es wieder still. Das Bett bestand aus einem Eisengitter, auf dem eine Untermatratze lag und darüber eine dünne Matratze, die Untermatratze war mit beigen Bändelchen an sechs Stellen am Gitter befestigt. Der einstige Auffangrost des Bettes war nun ein Fallgitter, eine Opferstatt.

Sie hätten wohl an der Wohnung gehangen, an den vergangenen Jahren, an den kleinen Goldfesseln. Sie dachte daran, wie sie sich immer selbst beschnitten hatte, anderer Wahl jeweils für die ihre akzeptiert hatte. Zu lange von der Zufriedenheit weg gewesen, ausgeschaltet von den Männern, den Frauen, von der Eigenständigkeit, vom Arbeitsstolz, von der sozialen Geborgenheit. Sie hatte sich für ein hingestelltes, gut bestelltes Leben täglich neu herausgeputzt. Sie spürte die Selbstbeschneidungen körperlich, litt unter den Kopfscheren, die ihr unter dem Haaransatz steckten, konnte sie sehen, betasten, hatte Angst vor dem Entfernen, vor den neuerlichen Schmerzen, vor der Trennung.

Ich habe euch nie gesehen, aber was tut das zur Sache, nur gelesen von euch und über euch, nur gelesen, was heisst das! Wenn also das in etwa so ist, ich spreche aus meinen und zu Bildern über euch, dann könnte sie ihm geschrieben haben, hinter dem Bild ist ein Bild, vor dem Bild auch eines. Wir werden nichts finden als weitere Bilder. Bilder können schmerzen, was ich berühre wird ein Bild, auch wenn ich mich vergifte, liefere ich ein Bild oder wenn ich mich vom Dach stürze, lieber Roberto Zucco, lieber Bernard.

Hiebe besiegen den Wind nicht, der war euch zu scharf, zu sehr ins Gesicht schneidend, ihr habt ihm euch gestellt und ihn dadurch provoziert, ihn erst sichtbar gemacht und damit geschaffen, diesen Wind, diesen schneidenden, scharfklingenden, rasierklingenden. Und dann habt ihr versucht, so stelle ich mir vor, mit jeder Begegnung, jeder Umarmung, jedem Stück, jedem Auftritt, jedem Abend eine längere Liebkosung abzugewinnen. Wenn es schon nicht mit Menschen ging, weil die es nicht aushielten mit euch Ungeduldigen, Alleindenkern, Überraschenden, Vorauseilenden, dann wenigstens mit Dingen, mit Ereignissen, mit Situationen, mit Ideen, mit Theater.

Eine Figur im Traum des andern sein, das war etwas, etwas Szenisches. Durch das Denken an Geliebte, die euch geschmäht haben, diesen zu einem sicheren, geliebten Leben und Lieben zu verhelfen, jemanden aus der Ferne und ohne sein Wissen seelisch ernähren, das ging euch wohl zu weit, das Palavern wolltet ihr nicht, schon gar keine Schönmacherei. Weil wir unfähig sind, das Elend zu tragen, es zu ertragen, es zu sehen, ihm gegenüber stehen zu bleiben bis es uns tötet. Ihr seid Wanderdünen in den Wüsten, Teil eines Grossen, untergründige Bewegung in der stabilen Weite. Wir stehen alle immer wieder auf dem First und starren in die Tiefe, alle halten wir den grünen Becher vor unsern Mund.

Durch die effektive Durchführung des Nutzlosen und Sinnlosen, des Selbstmordes, wird zumindest Handlung manifest, etwas Reales, ein Tun, ein Fakt. Das packt, auch darin seid ihr den andern ein kleinbisschen voraus. Auch wenn es leise, in der privaten Heldenlüge, Heros und Eros sind Geschwister, und Intellektuellen-Identifizierung missbraucht wird. Tausenden habt ihr den Selbstmord verlockend gemacht, tausenden habt ihr ihn abgenommen. Oder richtiger: ihn ausser deren Betracht genommen. Das hat ja fast christliche Würze. Und wieder habt ihr, ein letztes, Bild hinterlassen. Die Anzahl der Bilder für etwas Gewichtiges und ihre Vergleichbarkeit, ihre Benennbarkeit ist nicht so gross und die Treffer, die Volltreffer wie der eure, sind rar, auch das hat euch verletzt, geschmerzt.

Ein nächstes Bild im Bild: Koltès hätte vor lauter Bäumen den Wald nicht gesehen, Sarah Kane an- und sich ausgeschwiegen. Handlungsunfähig überliess er ihr die nächsten Schritte, er wollte nicht mehr agieren, nur noch reagieren, er hatte genug von Führungsarbeit, von Stärke, von Aktivität an allen Ecken und Enden. Nur noch Ruhe wollte er, Gelassenheit, Neuanfang, Besinnung, zu Leistungsschwächen stehen, Schlaf, Passivität bekommen wollte er, nicht kommen; ergehen wollte er sich, nicht gehen. Zeit haben, den Träumen nachhängen, die er jahrelang verdrängen, verachten, beschönigen, zunageln oder vergessen musste, das hatte er gelernt, sich geübt. Das Vergessen aller Ideale, Ideen, Ziele war das Schlimmste, wie ein unbegrenzt mächtiger Betonklotz schwebte es über ihm, warf Schatten, stellte alles ab.

Die Kane könnte erwidert haben, dass über den Dächern die Vogelzüge dem Süden zustrebten, im Schwarm könnte man endlich Ballast abwerfen, steigen, segeln, schweben, leicht sein, Leichte selbst sein, Zukunft wittern, den Motor ausschalten in rasender Fahrt, die Kleider verlieren, die Namen ohne grossen Aufwand zur Strecke bringen. Sie stand auf, er machte ihr Platz, sie zog die Schuhe an, sie blieb wohl noch einen Augenblick im Türrahmen stehen.

Was sag ich. Ihr habt euch ja nie gesehen. Also nochmals. Immer weiter proben, wir proben hier weiter, das ist das Schöne, alles sind Proben. Einstweilen grüsse ich euch.

13

Zu Fuss dem Wald der Küste nach habe ich mich verirrt. Ich habe nicht teilgenommen an diesem Familienfest. Obwohl alle behaupten, es sei zu meiner Ehre, so einen Runden gäbe es nicht alle Tage. Sie stürzen sich in ihrer Verklemmung jeweils auf den Alkohol. Und ich stürze mit. Absturz als Ausweg. Dort vorne drehe ich um, reisse mir dann das feine Hemd vom Leib. Ich hatte immer diese Leichtfüssigkeit, dieses Tippeln, dieses Abrollen der Füsse beim Gehen von vorne her, hell, heiter, jugendlich, frei und luchsleicht. Mittlerweile habe ich mir die Jahre hindurch Schwere angefressen und sie frass an mir, tat sich gütlich, brachte die langsameren Schritte. Sie wird es auch heute tun. Daheimtückisches.

Ich habe den Weg seit längerem verloren. Das stimmt. Zunächst fielen mir hier die Mücken auf, die Unendlichkeit von Mücken. Plötzlich waren sie da. Und es war noch sehr weit bis zum Haus. Ich will meine Wanderung meistern, die Prüfung bestehen, das Muster erfüllen: So bin ich doch angetreten. Für den altgehegten Wunsch war ich aufgebrochen, zu einem Besuch aufgebrochen, aus dem Haus gegangen, sollte es später heissen. Und nicht mehr zurückgekehrt. Ach was.

Die Geladenen, mit Bissgift geladenen Gäste. Der Jubilar lädt euch ein! Die Schlangen, die gespaltenen Zungen, züngelnde Verwandte. Schicksal: Du kommst unwillkürlich zu ihnen, sie sind Beigabe, nie hast du dir Brüder und Schwestern ausgesucht, die Eltern vielleicht auch nicht, ich mich wohl auch nicht. In ferner Zeit einmal, wer weiss, ich weiss es nicht. Und glauben will ich nicht. Die Angeheirateten, die hätte ich ja noch ausblenden können bei gleichzeitig geistiger Löschung der Heirat. Papierverwandte. Freude hatte ich dafür an den oft überraschenden Seelenverwandtschaften. Ich mit meiner Bärbeissigkeit, der Hadrigkeit, der hochgezogenen Buschbrauigkeit. Brauen hoch und Zunge unter den rechten Mundwinkel, bis dieser leicht ausstülpt. So verharren, bis ich mich kurzportraitiert habe, ein Bild mehr von mir geschnappschusst und damit ins überbordende Ego-Archiv. Sie pflegen mir gegenüber idiotisch zu lächeln mit einem schweratmenden Du-Traumtänzer-Du!

Dann stolpere ich über einen Laubhaufen und bleibe liegen, komme für einige Sekunden nicht mehr hoch, es ist jetzt heiss, ich bin verloren, suche den Weg. Weder alt noch neu, nicht wichtig, nicht unwichtig bin ich. Ich bin noch nicht zuhause und nicht mehr. Und die Bäume oben an der Küste sind sehr hoch. Meine Hand tastet nach der zu Boden gefallenen Brille, findet sie nicht, findet sie dann doch. Aber in den Flechten bleibe ich hängen, schrecke zuerst zurück, greife noch einmal hin und merke, dass es menschengrosse Flechten sind, die von den Bäumen hängen und aus dem Unterholz herauf wachsen. Die Urbrüder der kleinen Steinflechten, die ich immer so schön gefunden habe in ihrer stillen, bescheidenen Pracht. Ich werfe einige von mir, die über mich gefallen sind, ich sehe vor mir auf dem Boden den Sand, die Erdklumpen, die Steine, die Ameisen, die Käfer, die Raupen, die Larven, die Pilze, die Nadeln, die Würmer, ich schnelle hoch.

Dort vorne irgendwo stehen sie, schleichen um ihre Karossen herum, sprechen laut und gestenreich. Ich trank und trank. Hätte ich doch im Herbst Geburtstag. Das ist meine Zeit. Herbstlaub kleidet mich ein, verschwenderisch. Um Himmelswillen, ist das schon Altersmilde! Alte Milbe! Hoyerswerda! Vesoulvesoul! Soûl! Bruchsal! Lauter Bruchsal!

Aus den Bäumen ragen abgerissene Astteile, wie Spiesse vom Boden her, stehen mir gesplitterte Zweige entgegen, starren mich an und ich sie. Das Unterholz ist so dicht, dass ich kaum mehr weiter kam, die Haut ist zerkratzt. Meine gefleckten Finger sind verklebt, Harz überall, das gut und tröstend riecht. Und so unangenehm, wie mir diese Verlorenheit im Unterholz sein sollte, ist es mir überraschenderweise gar nicht. In meiner mich mehr und mehr niederholenden Lage sehe ich Lichtbahnen, die sich durch den Wald schieben, die Mückenschwärme funkeln wie zarte, leuchtende Schleier dazwischen, ich falle, ich rieche an meinen Fingern, lecke Blut vom Handrücken, streiche Erdreste und Sand vom Mundwinkel, ziehe mir unter Schmerzen einen Holzsplitter aus dem Bein. Ich schiebe und drücke das vielleicht gebrochene Nasenbein zurecht, schnäuze vorsichtig in die Luft und setzte mich endlich und endgültig auf den Waldboden.

Ja, die Bartstoppeln geopfert für diesen Gang zu den Verwandten, Bartstoppeln, ich liebe euch, wie ihr euch zu mir räkelt, ich mich hinter euch verziehen kann. Wenn dort vorne wenigstens ein Ballsaal wäre mit einer glühenden Braut. Ein Halt in der Fremde. Stattdessen die zunehmende

Schweigsamkeit an den Tischen, vor den Türen, in den Betten, auf den Gängen. Tag und Nacht achselzuckend hinnehmend. Es geht auch ohne mich. Wäre schon immer gegangen. Fünfzig Jahre, was ist das schon. Noch nichts? Nichts mehr? Ich mache mich davon. Die Bartstoppeln überstreichend mit der Hand. Meine Wangen verkarsten wie abgeernteten Felder ohne Feuchte. Es ist Ende August geworden. Trockene Hitze ohne Leuchten, ich kreuche und fleuche hier ausweglos im Unterholz.

Ich gehe nicht mehr zurück. Ich habe umgedreht im letzten Moment und bleibe jetzt hier in Farn und Flechte am Saum zur Küste. Ich könnte eine neue Sprache erfinden und einen neuen Kontinent entdecken, Gedankengebilde türmen, sie aufbauen, das Unaussprechliche darstellen, es erzählen, malen, es zum Märchen machen, zum Ungreifbaren. Wie ein grandioses Teppichmuster. Aber wie eine mächtige Bettdecke kommt mir dieser Wald vor. Besänftigend und einlullend legen sich die Flechten auf mich, ich verbinde mich mit ihnen. Die Farne an diesen Küsten begraben alles unter sich. Meine Bleibe. Sie werden mich nicht finden.

Kurz bevor ich die Besinnung verliere, fühle ich mich glücklich verwaist, geborgen verloren, zufrieden einsam. Die weissen Limousinentüren des Geschwägers öffneten und schlossen sich still, das ist nicht lange her. Und ich ging nicht hin. Schon schien mir jemand zu winken. Abschiedswinken! Neben mir suchte ein träge flügelnder Rabe Halt, die Furchen unter ihm waren brüchig, staubten auf unter seinen Schlägen. Einzelne Sonnenblumen schwärten ihre hängende, dunkel umgoldete Schwärze aus einem Garten. Ich stand still, ging weg, winkte nicht zurück, trat einen Maulwurfshügel und mit ihm schalbraune Trauer in den Acker. Hier, nahe der Küste und in den Flechten, erwarte ich von mir selbst und von den andern weder Ebbe noch Flut. Hier bleibe ich.

14

Plötzlich Windböen. Einer hat einen selbstgefilzten Trichterhut auf, der über ihm aufschwebt, und der andere protzt mit Hanteln, dieser hat einen Kugelbauch, den er lachend hält und wieder eine ist bäuerisch behäbig am Schnitzen. Die schwer zittrige Alte schaut aus dem Himmel hinunter auf ihren einstigen Marktplatz, die Karren der beiden Elsässer stehen leer aufeinander, der Inder mit seinen leuchtenden Curryplätzli hat seinen Erinnerungsduft hinterlassen und geistert in fernen Fegefeuern herum. Die Cucina italiana per tutti wirbelt durch die Luft, der ganze Oliven- und Antipastihaufen fliegt hoch: getrocknete Tomaten, Artischockenherzen, Knoblauch, Aubergine, Paprika, Parmesan, Ruccola, Schafskäse, Schalotten, gelbe Zucchini, Balsamicoschlieren.

Die Kunden öffnen gegen den Wind mit grosser Gebärde ihre Geldbeutel, strecken die flatternden Arme den Waren entgegen, kaufen mit Inbrunst und Grüngefühlen, Gerechtigkeitsgefühlen, Morgengefühlen, Einkauflustgefühlen, Gesundgefühlen, Ernährerinnengefühlen, Fürsorgergefühlen, Samstagmorgengefühlen, Freizeitgefühlen, Kaffeezeitgefühlen, Zeitungslesegefühlen, Freiheitsgefühlen, Schnäppchengefühlen, Vollkorbgefühlen, Geldzückgefühlen, Bioplättchengefühlen, Ballastbrotgefühlen, Ferien in Italiengefühlen.

Die Warenreicher lachen. Freundliche Hunde stolzieren, Bankautomaten und Diskretionslinien halten sich überall bereit. Alle Freiheiten müssen an einem übergrossen Schalter bewilligt werden. Verzwergt sind die Kunden, verzwergt die Häuser, Buden, niedlich die Stände. Alle werden Wir. Wir sind es uns wert, das gönnen wir uns, wir verwandeln uns in Spots, in flatternde, strahlende Wäsche, in eine strahlende Carrosserie und mischen uns in den herumfliegenden Markt. Es flattern Banner mit Aufschriften von PSI-Tagen, vom Echten und Tiefen und vom Zurück zu den Werten. Hübsch zurechtgemachte Pensionierte treffen sich in den Lüften, sie tanzen ruckigen Polka und paffen fröhlich in die Schweizerfähnchen.

Der Wind fegt nun aber immer heftiger über den Platz hinweg, jetzt kippen die grossen, grauen Preisschilder um, gelbgrün wird das Wetter, die Luft schwer. Die Wolken jagen vorbei, alle flattern und rennen quer und kreuz über den Platz oder verwerfen weit oben schon die Hände, die Uhrzeiger am Rathaus wirbeln. Die Fetten beginnen langsam und immer schneller zu platzen, die Mageren zu zerbröseln. Blechplatten kommen quergeflogen. Implodierende Hünen aus den Fitnesszentren verschmutzen den Boden. Die trainierten Putzequipen sind unablässig am Arbeiten. Wenn alle Alzheimer haben, hat niemand. Die Sprache löst sich auf, unleserliche Schilder prangen, die Häuser heben ab, flügeln bizarr, Strassen schweben fort. Niemand kann sich erinnern. An was könnte oder sollte man sich denn.

15

ihr habt das vermächtnis unseres vereins wahr gemacht durch fleiss disziplin arbeit und leistung habt ihr euch in diesem verein integriert und jetzt soll das alles für nichts gewesen sein jetzt wo eure kampfkraft gefragt ist lebensfreude lebenslust und auch lebensgesundheit ihr sollt nicht mit vergrämten gesichtern herumgehen ihr habt grund dazu wir sind besser als wir je zuvor waren so hat goebbelt ton getprochen wir möchten dass ihr jungs alles aufnehmt ihr wollt ein team sein und ihr sollt das lernen wir wollen ein team sein und ihr müsst dafür etwas tun wir wollen dass ihr friedliebend und aber auch tapfer spielt und ihr müsst friedfertig spielen ja ja friedfertig aber auch mutig zugleich wir wollen diesen verein nicht verweichlichen und ihr müsst euch dafür stählen ihr müsst lernen entbehrungen auf euch zu nehmen ohne zusammenzubrechen wir wollen nicht dass dieser verein verweichlicht sondern dass er hart sein kann und ihr müsst euch dafür stählen und ihr werdet in euren fäusten die fahne hochhalten ihr könnt nicht anders sein als mit uns verbunden vor uns liegt der verein in uns liegt der verein und hinter uns liegt der verein wenn wir den verein emporführen zu eigenem eigenem fleiss eigenem trotz eigener beharrlichkeit dann werden wir den verein wieder dorthin bringen wo er einst war ich sage es nicht für meinen lohn sondern um meiner selbst wegen dat hat hitler ton to etwa getagt

ich sag nix brauch ich nicht jetzt gilt es nach vorne schauen abhaken was war wir sind elf und dabei bleibts was hab ich denn da was eine schöne riesentorte das ist die zweite halbzeit wir werden sie runterschlucken wie ein tortenstück diese wildschweine rohlinge schwächlinge wir können das spiel gar nicht verlieren wir sind vor unserem publikum wir legen noch einen drauf wir drücken diese memmen oder wie sie heissen um wir pressen sie zurück in ihre eigene hälfte wir sind auf allen positionen besser wir nehmen jedes spiel von neuem wir schauen nicht auf die andern wir bestimmen was läuft wir sind die spielbestimmende mann wir haben den unbedingten siegeswillen wir kämpfen nicht nur miteinander gemeinsam wir kämpfen füreinander wir haben die letzte niederlage abgehakt wir haken diese erste halbzeit auch ab ich brauch kein mitleid lasst euch nicht von denen an die gurgel oder wand fahren einfach weiter spielen sich nichts vergeigen lassen von denen wofür lebt ihr denn wenn nicht für diese bigpoints für diese spannung welchen sinn hat euer leben wenn nicht dieser feiernde hexenkessel wenn du die luft schneiden kannst vor spannung und dann schiessen wir das tor darauf freuen wir uns doch ein leben lang das ist doch der sinn unseres trainings seit jahren dafür leben wir jungs gewonnen ist das spiel aber noch lange nicht die werden es uns unterschätzt diesen gegner nicht diesen nicht nicht diesen macht da keine leichtsinnveranstaltung draus keine es ist noch nicht also konzentrieren dass die abgewischt sauber und gebrochen nach hause fahren müssen papierform ist nichts auf dem platz ist alles dreierkette viererkette oder halskette ist mir völlig egal wenn ihr nur das tor rein haltet jungfräulich sozusagen da stellen wir keinen bus vor das tor nein aber wir machen den guteidgenössischen reissverschluss zu ritsch es ist die reine lust euer jaguar auf der kühlerhaube oder eure barbie die am rückspiegel hängt es ist einfach unglaublich wahnsinnig du herzog du kchäller und kchöhlmeier du bossi du drakovic du dellers du da dagusto du d'annunzio du d'angelo du dimitroff du dubarry du domingo jetzt werden wir zurückschlagen weil wir zurückschlagen müssen shut up ta gueule tschuti cuci la bocca callate

sag nüt los zue sunsch eins uff frässi hey los zue jetzt füre luege das isch es gsi wenni öbbis schnorr gäll loss zue merkscht du das nöd als kritik du döt hinte nimms als aregig dasch voll okey aber das heisst aber noch gar nüt luege dass mir keine bekomme und wenn möglich noch eine mache wir sin besser mann ok sieg isch äh dasch geil wie an television mit bier und tschips und frau europalig süperlig dasch doch tierisch voll schwyzz und türkisch und balkan und afrika vollgeil hey mann wasch los ich so jetz ärnscht he är so jojo ich so das längt nit är so ok chef wie lutet devise seisch zu frau hey mann hesch mi gseh man wos i drei voll dure tag nüt lot tue ich wird noch wahntinnig mit euch jett nach vorne tch tch tchauen abhaken wat war one one oder one alleine itch nil wie der englitche intulaner tagt naja tagt mir da einer vielleicht holen wir auf ein eint null eaty hä ja macht nur noch lange teiter to mit nicht to tchlimm denkt ihr doch oder etwa nicht hab doch dat getehen jett dat ihr dat denkt penner alle penner lahme enten amputierte giraffen grottväter an rollatoren oder wat toll mir keiner kommen mit wird nun allet andert to wird dat nicht einfach andert wenn ihr nicht in dem wat euer kopf itt wenn tich da drin in dieter fauligen hirnmatte nicht etwat umttellt mir tut allet weh und wethalb wegen euch nieten babyt banauten ballermänner tollen tir to teiter machen tollt ihr dat jungt abtoluter wille abtoluter kampf ihr teid verdammt gut männer nicht blind nein aber tchnörkellot jede ttunde alto techtig minuten jede minute alto techtig tekunden und techtigtauten tind da drautten und techtig millionen am bildttchirm hört der tiri hat gepfiffen aber ich will noch nicht aufhören tollt ihr datt ich mich umbringe oder dat oder datt ich einen von euch töte jettt tchreien wir tutammen tieg tieg tieg wir jagen diete opfer erlegen tielen abknallen tchieett tchiett auf tie und tchiett trott tcheitt tchiri tcheitt twei tore raut jettt

16

Kaum hatte Kari sich in den Garten hinter sein Buch gesetzt, da war es ihm, mitten unter den ganz nah an ihm vorbei eilenden Leuten auf dem Weg zum Warenhaus, als würde ihn die fliehende, bedrohlich schwärmende Vogelschar, die er weit über dem gezackt einbrechenden Horizont der Strassenschlucht sah, verfolgen, obwohl sie immer weiter weg zog. In der Strasse schien das niemand zu bemerken, Kari hätte sich gerne in einen dieser verfolgenden oder fliehenden, immer ihn begleitenden Vögel verwandelt. Er hörte keinen Laut mehr, nur noch das Tosen seines Inneren, das wie ein Wassersturm in ihm hoch drang, ganze Fischschwärme, Legionen von schimmernden Wasserpfeilen durchfluteten und ummantelten ihn seidenschwer. Er las einen Roman und dachte trotzdem an das Warenhaus, von welchem die Passanten vor seinem Garten kamen.

Je näher er in diesen Kopfwelten dem Eingang des Warenhauses kam, desto schneller löste sich die ihn umgebende Stadt ab, hob sich auf ein geozentrisches Riesenrad: Ein Schiff auf einer Bühne, ein Riesenbug vor dem winzigen, angetrümmerten Souffleurkasten. Und ein Ozeanriese mitten in der engen Dorfstrasse, die darob aus ihren Fugen fiel. Aber nun sah er zudem ganze Städte auf einem gigantischen Riesenrad, ein Allrad mit immer wieder ausgeschleuderten, herausfallenden Städten, deren Kolossalität sich gigantisch auflöste als verbrennende, schwarze Quartier-, Strassen und Häuserlumpen, die sich in Zeitlupe niederwallend und wieder aufwallend über die nördliche Halbkugel legten.

Das Warenhaus wurde zum knapp vor dem Bersten verharrenden Aquarium, über dem die ungebeugten dunklen Kamine als Luftkähne frei herumschwebten. Sie wünschen, fragte plötzlich eine erotisierende Säuselstimme. Eine auserlesene Radiostimme, was aus dem Mund kommt ist losgelöst von der Person, das Sprechen als Marketing-Versatzstück. Kari holte tief Luft, sah die stilisierte Kindfrau vor sich, spürte wieder sein Blut, setze den Hut gerade auf den Kopf und räusperte sich. Ich sehe mich um, sagte er ebenso formell wie artig und lief rot an. Herumsehen darf sich hier jeder, sollen sich hier alle, hauchte die sich verziehende Stimme. In der Kleiderabteilung musste er sich mit einem Schweissausbruch hinsetzen. Die Neonröhren leuchteten über ihm, die auseinanderstiebenden Städte, die herumgeschleuderten Menschen, die zusammenbrechenden Häuser holten ihn ein, fielen auf ihn nieder, er sah überall Blut, alles verspritzt. Ausgeblutete Körper. Wärme im Endleuchten, Astern an den Wänden. Ein letztes Flackern.

In einem neuen Marken-Sacco und einem übergrossen Plastiksack mit seinen alten Kleidern darin verliess er leer und ausgelaugt den Laden. Bevor er zuhause angelangt war, hatte ihn der Sepia-Schleier der späten Dämmerung eingeholt, gefangen genommen, umgarnt. Die rückwärtigen Neonsonnen über den Strassen liessen den himmelweiten, rotschwarzen, aufschwebenden Nachtriesen über sich erkennen. Ein Silbergrau erglänzte auf den Blättern im erfrischenden Nieselregen. Im Hof verhallte ein Lachen. Der Homunkulus Kari. Ganz eingetunkt in seinem Sepia.

Kari öffnete die Augen über seinem Buch, lächelte, schüttelte den Kopf, verfolgte die etwas mürben Gedanken über seinen Tag im Warenhaus für heute nicht mehr, und las weiter, nachdem er langsam eine Seite umgeschlagen hatte.

17

Der wütende Allesverunglimpfer und Selbstbeschimpfer, der Unzufriedene, der Griesgram, der Haderer, der Kranke. Am Samstag bricht er aus. Und ein. Flucht. Stacheldraht und Wachtürme sind keine zu sehen, er wettert vor sich hin, aber die elende Karrenschieberei beginnt trotzdem wie immer mit dem Einwerfen des Frankenstücks in den Schlitz unter der Schiebstange, dann hast du das Ding aus der Kette zu reissen, Stapelware an der berühmten Rampe, die Räder klemmen andauernd, ein Rad wippt, flattert, so geht es los, vorne verkauft einer aufdringlich wie jedes Wochenende die Arbeitslosenzeitung, wie ein Irrer heischt er Geld für sein Heft, mit nasal bettelnder Stimme, der Wutentbrannte kauft das Heft, um ihn und sich kurz, ganz kurz zu erlösen. Er muss ihn ansehen, obwohl er ihn nie gerufen hat, er hat Erbarmen mit dieser Langzeitarbeitslosenkarikatur.

Daneben leiert ein anderer Langzeiter an einer Drehorgel herum, er hat einen angeketteten Plüsch-Affen darauf und eine echte Katze, auch sie angebunden. Vor ihm steigen die Kinder auf und in ein Plastikauto, das nach vorne und hinten ruckeln kann und zur Seite, laut schallert eine helle elektronische Klimpermusik aus seinem Scheinwerfer. Unser Mann meckert halblaut weiter und nennt sich selbst immer wieder Opfer. Opfer ist ein Schimpfname. Du bist ein Opfer, lachte man ihn immer aus. Vor ihm geht eine alte Ziege, die allen Platz braucht und niemanden durchlässt, er ist immer in Eile, er will hier weg. Sie zelebriert ihren Einkauf, ihren Höhepunkt der Woche, da nimmt sie sich so richtig Zeit, weil sie es braucht, ihr zu liebe und wie das heisst, du hast es verdient, bist es dir wert und so.

Ob er sich selbst auch in sein eigenes Album stecke andauernd, fragt er sich im öffentlichen Selbstgespräch, du bist deine eigene Ansichtskarte, du bist deine Briefmarke, kleb dich auf dich selbst. Je hinterhältiger du gehst mit deiner vollen Karre, desto brutaler wirst du eines Tages durchdrehen. Derzeit kochst du dich mit allen anderen gar und merkst es nicht, wirst geschlachtet, geopfert dem Konsum, der Dritte Weltkrieg wird an dir ausgetragen, du Schlachtbankpilger.

Der rot Aufgebrachte muss sich an einem Diätwarengestell festhalten. Die unzählbaren Liebespaare auf ihrem Höhepunkt sieht er in sich, die alt eingeheirateten und jung verliebten Einkaufslustigen, er hört, wie sie sich so nett helfen beim Diskutieren, ob dies oder jenes oder vielleicht doch, nimm doch, oder wollen wir mal, auch ja, ja, das hab ich gern, meinst du, also mach schon, wunderbar, Liebes, ja, greif zu, Chérie. Schenkt euch Proseccos ein, labert weiter, esst eure Oliven, frönt den Renovationen und Liftings, lächelt, erstarrt in Fotoposen, immer sind wir alle vor der Linse, immer in der Werbung, immer im Style. Und ich salbe mir noch die Wehmut ein, tobt er sich zu, kurz bevor er zerspringt, wir tragen Echtheit auf, kaufen wahres Leben ein, besorgen uns die Chips und die Liebe.

Er greift sich ans Brustbein. Wo ist meine Nächstenliebe hingeraten. Hol dir das Echte, das Wahre, es ist jetzt zum Aktionspreis zu haben. Ich bin wie alle andern. Und hasse mich wie sie. Finde ich denn heute keinen Ausgang mehr aus meinem Sumpf, meinem Loch, meiner Höhle, meinem Grab. Streichelt euch Mitleid um den Bart, legalisiert eure Lügen, flüssig sollt ihr werden und haltbar, ihr sollt das Datum nicht überschreiten, gut verpackbar sein, stapelbar, entsorgbar, gut verdaulich, light, um Himmelswillen leicht, immer eingepackt, steril, immer durch eine Maschine gegangen, sonst seid ihr nicht verkaufbar und nett, fröhlich, gewinnend habt ihr zu erscheinen, im Regal zu liegen, gut geschmiert hat, wer zuoberst liegen darf. Kaufbereit müssen wir sein, zur Verfügung stehen, billig, alles für alle zu haben, aber auch Luxus, auch Edelnutten und Nobelstricher soll es haben, ist doch natürlich, auf dem oberen Regal. Wir Tiefgefrorenen, Lackierten, Eingepackten, Sterilisierten, Ausgeleuchteten, ihr Haltbargemachten, Aromatisierten, Gepökelten, Aufgebackenen, in Reih und Glied, vorwähhrrts, links, links, links.

Er atmet schwer. Supermarkteingänge sind ohne Ausgänge. Internierungslager sind nicht angeschrieben, Bewachungen mit Kameras und soldatisch gekleidete Securitasposten auch nicht. Wie wir zur Kasse kommen eines Tages auch nicht. Wie wir eingescannt werden, in elektronische Zwangsjacken gesperrt. Flucht. Ich bekomme keine Luft mehr, mein Herz. Jemand stützt ihn und setzt ihn auf die kleine, unbeachtete Bank hinter dem Laden.

18

In der hauseigenen Bank der Versicherungsgesellschaft, im mächtigen Neubau, der dem Quartier laut Architekt einen urbanen Akzent setzt, ist alles voll mit wohlriechenden Sesseln, prächtigen Marmorplatten, viel Glas, Grossraumbürozellen mit Kunststoffabschrankungen, Panzerglasschaltern und aalglatten Computern, Münzzählmaschinen und grauglänzenden Aktenschränken. Die Angestellten strahlen die Bank aus, sind ganz Design, sind jung, gestriegelt, gezähmt und vorbildlich gleichförmig. Sie wissen alle, wo der rote Knopf ist, wenn es einen Überfall geben sollte. Dem Unreinen, Kriminellen und Bedrohlichen der Aussenwelt stellen sie sich ausharrend entgegen. Schliesslich kommt die Welt vertrauensvoll und das ihr Wichtigste anvertrauend zu ihnen, sie halten aufrecht hinter dem Kontor die Stellung.

Mein Gemälde hängt genau mitten drin, umgeben von abstrakten Farbflächen, Metallstreifen und sonstigen plastischen Kunstwerken, die dem modernen Raum sein Kunstambiente verleihen. Mein Gemälde zeigt einen kühlen, grossen Innenraum in einem alten Steinhaus mit einer eisernen Bettstatt in der Mitte, ein grosses Bettuch mit indianischen Mustern und wenigen dunklen Kissen. Unter dem Bett ist ein Chaos, eine Unmenge von Masken, Fratzen, Tierpuppen, Nippsachen, Zirkusartikel, Koffer, Theaterkleider gestaut, das läuft über ins Zimmer, verstreut sich auf dem Boden. In einem hauchdünnen Kleid sitzt sie auf dem Bett, hält sich die Fussfesseln mit beiden Händen, die Arme sind voller Armringe und an den Ohren und um den Hals hängt viel altes Geschmeide. Sie hat gerade etwas gesagt, das Betroffenheit auslöst bei beiden. Er steht hinter ihr in einem offenen schwarzen Hemd und mit weissem Kittel, streicht sich gerade durch das Haar, wirkt blockiert, verharrend, scheint mitten in die Bank zu blicken und dort etwas entdeckt zu haben.

Mit ihm schaue ich von der Schalterhalle wieder zurück ins Bild und zu ihr, die ganz in ihrem Steinzimmer bleibt. Im Atrium hinten steht ein mächtiger Tisch und es treffen Leute ein, die mit einem grösseren Mahl beginnen, alles ältere Menschen mit Würde, Charme und Bildung. Daneben und zeitgleich schmiedet junges, buntes, unbekanntes Volk Verweigerungs- und Umsturzpläne und es ist ein grosses Ringen um die Selbsterkenntnis im Gang. Von einem Balkon dringt undeutliche Musik klassischer Moderne, Jazz, Improvisationen, vor der Bank rauschen die Autos und Trams vorbei und verstummen. Keine Spur eines Atems ist zu hören, absolute Stille und Bewegungslosigkeit tritt ein, alles ist als fixiert, in Sekundenbruchteilen gemalt, angehalten. Ausserhalb des Rahmens ist nichts, der Rahmen greift immer weiter aus. Wenn die Decke der Bank plötzlich senkrecht absackte – sie hat, genau wie das Steinzimmer, schon Risse gegen die Ecken zu. Die Leinwand hat Brüche. Es ginge unheimlich schnell. Bilder sind nicht besonders stabil und hoch versichert.

19

Kurz vor dem Einschlafen wird die Welt unendlich gross und staubteilchenklein gleichzeitig. Im Kopf öffnet sich ein Reich von Steppen, Wüsten, Oasen und Gewittern, Blitzen und Schleierwolken. Bilder über Bilder: unter den Farnen ein Farn sein, ein von plötzlichem Wind durchgerüttelter Grossfarn, ein Katzenschwanz. Rauschend wird etwas aufgebaut. Plötzlich kann alles nahe bei der Wurzelwelt sein, die flachen Blätter mutieren zu Augen, es ist eine Welt des Sehens, alle sind Seher und Gesehene, alles ist Auge, Blick, Augenblick. Offenen Auges flieht das Ich über sich hinaus, wird entfaltet, nicht getrennt von diesem Sich, wird Zustand. Kurze Momente des Paradieses, vereintes Sein mit allem. Farbe unter Farben, Alge unter Algen, Teil der Stummheit der Pflanzen, Teil der Erhabenheit der Katzen. Das ergebene Erleiden und die Hingabe im Auge der Tiere. Jeder Sprung, jeder Flug genau vorausbestimmt, keiner zu weit, keiner zu kurz. Die Katze bleibt genau dort hocken, wo sie hingesprungen ist. Der Vogel wippt, nachdem er gelandet ist, nur kurz. Kein Spiegel, kein Rückblick, keine Rechnung. Im Schwarm Fisch sein, in der Herde Pferd, im Vogelzug Langstreckenzieher.

Und dann, noch alles hörend, aber schon weit weg, ein Zucken, ein Schrecken, ein kurzes Aufblicken, ein unsenkbares Lid, eine Verdunkelung von innen, offenen Auges anschlafend, einschlafend, blitzschlafend. Die Hand ausgestreckt gegen einen unsichtbaren, fleckigen Spiegel an einer fernen Wand.

Das Gespräch wird zur räumlichen Distanz zwischen zwei Menschen, beide zum Weg, zum ausgemalten Raum. Raum wiederum kann Bild sein für einen Würfel und etwas Würfliges Teil eines Gesprächs. Alle Bereiche und Strukturen sind kompatibel, überlagern sich. Das Meer zwischen uns ist ein Satz, ein Satzgebilde ein gelöchertes und vernetzendes System, ein Sieb, ein Gerät, eine Musik aus Gerätschaften mit vielen Zwischenräumen, wolkenartig. Die Landschaft wird eindimensional, eine Wandfläche weitet sich zum Bergtal. Vom Seegrund, wohin das alles absinkt, sieht man die Sonne als einen weisslich gelben Milchball, seine Strahlen dringen in den

Traum, der Schlaf bekommt Nahrung, wird gesättigt, überläuft. Das kleine Sterben ist ein Erwachen in eine bisher nicht gesehene Welt. Ein Stein wird losgerissen, fällt in reichen Bogen immer wieder aufschlagend und weiter zersplitternd die Küste hinunter, sein Einschlag im Meer. Ringwellen werfen die Hingebung an den Schlaf auf, weiten den Raum und staubklein sinkt das Denken in ihn hinein. Das ist das Ende, die Erlösung, wenn es sie gibt, endlos gross, die Lider haben Erbarmen.

20

Durch den Wald ganz hinten am Horizont war es wohl noch einigermassen kühl gewesen, jetzt, an der Sonne hat ihn das Wandern ermüdet. Ich stehe hinter meinem Vorhang in meinem kleinen Zimmerchen und schaue ihm zu. Er schaut sich um: Die Grillen zirpen, die Sonne brennt, er hat Durst. Die Beine sind ihm jetzt schwer, der Rucksack klebt, der grell gleissende Kalksteinweg knirscht, als habe er selber Durst, er kommt auf mich und den Hof zu, wir haben grosse Obstbäume, Bienen summen, Mücken. Die Türe unten ist offen, mein Fenster auch. Ich Mauerschauer.

Als ich das Knirschen unter seinen Schuhen höre, kommt mir diese Geschichte hoch vom unehelichen Kind, das eine Urtante von mir hatte, dass ihr Geliebter aus dem Dorf vertrieben wurde und nie das Kind sehen durfte, dass sie sich wohl auf einer solchen Strasse vor einem solchen Hof begegnet waren mit dem Kind, sie Abstand halten mussten. Die Nachbarbauern schrien, eine Mauer sei zwischen uns, im Namen Christi, Kind und Vater und Mutter weinten aus zwanzig Meter Entfernung, dann riss sie jemand bei der Hand mit dem Kind und ab gings in die andere Richtung und der Talbauer schrie zurück, mach dass du fortkommst, Halunk.

Er will nicht ungesehen bleiben und entdeckt als Eindringling gelten, setzt zu einem Rufen an, tritt gegen den Brunnen zu, verstummt. Nimmt bloss einen Schluck Wasser und schaut hin, wie sie daliegt vor der Gartenmauer, auf einer dunkelroten Wolldecke etwas abseits, unter einem Holunder. Ihre weite Bluse, die leichte Jupe, die freien Fesseln und Füsse. Auf der Mauer vor ihm räkelt sich der Kater, streckt ein Vorderbein weit aus, drückt den Rücken durch, zieht sich zusammen, buckelt und legt sich wieder hin, putzt sich, geniesst die Sonne auf seinem schwarzen Fell. Unser Wanderer sieht, gebückt vor dem Brunnen, noch einmal zu ihr hinüber, sieht ihre feinen Gesichtszüge, schaut ihren Schlaf, ihr Sommerdösen. Wohl von einer kleinen Scham überfallen, wendet er sich dem Brunnen zu, beglotzt die ruckenden Wasserläufer, den grünlichen Stein unter den einzelnen schwimmenden Moosinselchen. Er streckt den Kopf unter den Wasserstrahl, weiss nicht, ob sie ihn inzwischen wahrgenommen hat oder nicht, sie rührt sich nicht. Etwas gemartert und ausgemergelt tritt er einige Schritte vom Brunnen zurück, hängt sich lärmig den Rucksack wieder an und bleibt stehen, sieht sie an, plustert sich ziemlich auf.

Ein feiner Wind zieht plötzlich über den Hof. Er dreht sich um, der Kater hebt seinen Kopf leicht und dreht ihn mir zu. Er streckt die Hand etwas aus gegen das Haus hin, hebt die Augenbrauen, drückt mit der Unterlippe die Oberlippe etwas hoch, lässt sie dort verweilen und atmet unbewegt und lange durch sie aus. Er trabt davon, schaut nicht mehr zurück, bis er bei der Wegbiegung verschwindet. Er hat mich nicht gesehen, ich trete vom Fenster weiter zurück in mein Zimmer und gehe nach unten.

21

An Weihnachten war es wie immer, die halbe Sippschaft sass zusammen im grossen Saal, halb lachte man mit, halb langweilten sich alle, halb wurde es warm ums Herz und der Schweiger in der Ecke verzog dauernd den Mund, kniff die Augen zusammen, presste die schmalen Lippen zu einem Strich, löste sie wieder, blies den Rauch aus bis sie leicht schlapperten, wölbte zwei Rauchringe in den Saal, schwieg wieder, griff zum Glas, immer wieder weinerlichte er etwas vor sich hin, murmelte von Liebe zu allen Menschen, er habe alle gern, so sei das. Zunächst waren alle mit sich beschäftigt und sangen die üblichen Lieder, beschenkten sich. Da eine grosse Anzahl weit hinaus Verwandter teilnahm, wurde die Intimität nie zu gross, alles verlief verhalten und halbherzig wie gewohnt.

Dann begannen einige aus Langweile, den Schweiger in der Ecke aufzustacheln, leise, bösartig, die Nichten und Neffen überboten sich bald mit Giftpfeilen, „so still dort hinten, er ist unterdessen zum Alki geworden, hat er sich übernommen letzte Nacht, jaja, bleib beim Bier." Immer wieder lachten sie ihn unverblümt aus ohne sich direkt an ihn zu wenden, man liess Sätze und Lacher vor ihm fallen wie Erdbrocken oder Pferdeäpfel, die wie zufällig genau vor ihm zu Boden fielen und dampften.

In einem ruhigeren Moment holte er mit einem Arm weit aus, erhob sich in die plötzlich übermächtige Stille und die Trunkenheit besiegend zog er tränenreich und mit plötzlichen Lachern eine Tirade vom Leder, ob sie gesehen hätten, was es alles gebe auf unserer weiten Welt, einer habe beantragt, ob er seinen Hund heiraten könne und man diskutiere nun, ob das gerechtigkeitshalber erlaubt werden solle, einige nähmen Vögel mit auf die Reise, weil diese Glück brächten, man habe gegen die Hühnerpest lebendige Hühner als Götteropfer angezündet und bis zum Tod herumrennen lassen, 50 Millionen Hühner habe man vernichtet, irgendwo im Nirgendwo, ein Herr Müller habe einen Herrn Müller heiraten dürfen, Billigflieger seien abgestürzt, Teuerflieger auch, Mohamed Achraf Kamel Sadi sei aufgeflogen alias Christian Lefèvre, der die Märtyrer für Marokko anführe, im Jura habe man Saurierfussabdrücke gefunden, die man wegen der Transjura-Autobahn freigelegt habe und wegen des TGV-Baues habe die SNCF ein Biotop weggebaggert und anderswo ein neues eröffnet.

Und zudem: China werde mächtiger und mächtiger und das Blut der Wirtschaft fliesse wie aus Arterien, achtzig protestierende Jugendliche, so schrie er gestikulierend, seien in Thailand in Camions gestopft worden und erstickt, aus den Bergen verfrachtete Gämsen und Heidi und Mayonnaise-Schlachten füllten Talkshows, die Sportler spielten mit im Globalisierungswahn und die Jungen ebenso, Bundesräte würden volkstümlicher, Kronprinzen heirateten vermehrt, überall würden Feuerwerke gezündet, Albatrosse schnappten sich Angelköder und ertränken im Wasser wie Fische in der Luft, historische Filme mit Massakern hätten Konjunktur, der TV-Schrott grassiere und grassiere in immer zahlreicheren Kleinhäppchen.

Er wirbelte jetzt mit den Armen um sich und flog verstummend über seinen Stuhl, schlug den Kopf an die Tischkante und blieb liegen, es dauerte, bis man sich seiner annahm, es war nichts mehr zu machen, man sang weidlich und leidlich die alten Lieder, während draussen der Krankenwagen mit stummem Blaulicht wegfuhr. Das zuckende Silbermarin flackerte noch kurz nach in den Scheiben und an der Decke.

22

Die neue Museumshalle ist hoch, die Ausstellungsbesucher verlieren sich, es wird timbriert und chambriert gesprochen, viele kommen dem Aufseher mit ein wenig Unterwürfigkeit entgegen. Er ist zwischen Ignoranz und Langweile, zwischen Gleichgültigkeit und Unaufmerksamkeit, zwischen Anspannung und Verspannung, Kontrolle und Beobachtung, Unfreundlichkeit und Kauzigkeit, weisslich sein Gesicht, seine Hände zart, einen Schlüsselbund hat er wie ein Gefängniswärter, mit elektronischen Verriegelungsauslösern, Impulskarten und Chipsteckern. In der andern Hand hängt ein grosses Portable, das wie eine Pistole in ein Lederetui gesteckt wird am offiziellen Uniformgurt. Links.

Weiss ist das Hemd, das Haar, der Anstrich in der Halle, weiss der Prospekt und weiss das Architekturmodell vor ihm. Die Menschenmenge zieht durch seinen Kopf wie ein lauwarmer Strom, weisses Nasenbluten im Innern, unmerklich. Er strahlt Abweisung aus wie die blanke Marmorplatte aus Carrara, er verteilt zynische Rügen, geht in den Angriff: „Geben Sie Ihre Tasche ab, bitte, schalten Sie das Natel aus, Ihre Eintrittskarte, ja, steht angeschrieben, es hat tatsächlich Wegweiser und Anleitungen im ganzen Haus, Monsieur!"

Sein Aufseherblick kommt von weit unten bis ganz hinauf, sinkt immer wieder ab, steigt wieder mühevoll auf, bis weit unter die Abdeckung des oberen, tief hängenden Lides, trüb, Luft und Licht sind weit oben, draussen. Alles bleibt drinnen. Anfänglich wartete er auf die Pause, die erlösende Zigarette auf der nur dem Personal zugänglichen Dachterrasse, sah auf die Uhr, ass unwirsch das mitgebrachte Brot, denn nachher ging die Zeit kaum mehr vorbei bis zum Ausläuten der trödelnden Besucher, dem handfesten Hinausschieben; kopfschüttelnd noch einer Dame den Mantel halten, beim Personalausgang die Karte stecken und das Schnappschloss hinter sich zuziehen. Dann wollte er eines Tages nicht mehr in die Pause, ass kaum mehr, abends zögerte er beim Hinausgehen und machte Pläne, wie er zusätzlich auch noch die Nachtschicht bekommen könnte.

Die ganze Welt mit Menschen aus allen Ländern der Welt zog ja an ihm vorbei, er war überzeugt, dass es etwa 24 Menschentypen gab quer durch alle Rassen, „Rasse ist ein ekliges Wort, Hunderassen, das geht", sagte er. Und was will ich noch in ein Museum, er hatte es ausgerechnet, wenn er täglich fünfzig Mal seinen Rundgang machte bei dreihundert Arbeitstagen, nicht schlecht. Jedes Mal diese berühmten Kunstwerke anschauen, er kannte zu jedem Bild den Titel und die Maler auswendig, sah sie immer vor sich, hatte sie in sich hinein fotografiert, wurde müde dabei. Konnte er anfänglich noch alle Gemälde und Installationen unterscheiden, so wurde mit der Zeit alles in seinem Kopf zu einem Brei wie die verschmierte Palette eines Malers, er wusste alle Namen, alle Bildtitel, er sagte sie daher wie eine Litanei. Das Museum hatte sich ihm einverleibt. Manchmal nahm er sich einen Monsieur vor, beschwatzte ihn, leierte ein bekleckerndes Telefonbuch herunter mit Malernamen, Jahreszahlen, Bildtiteln und Kunstepoche.

Anfängliche Zurechtweisungen seitens der Direktion schluckte er, bald aber plätscherten diese an ihm ab wie die Leute oder ihre Eintrittskarten. Nicht nur die Wände wurden ihm weiss, der ganze Raum war weiss, die Luft weiss, er war in einer Art uperisierter Kunstmilch, einem Architekturrahm, einer Installations-Crême fraîche. Er war immer schon da, wenn die Besucher kamen, mal steif wie eine Skulptur, dann routinemässig bewegt. Wenn die Letzten gingen, war er immer noch da.

Das Benehmen und Vorsichherschwatzen des Aufsehers machte bald die Runde unter den Besuchern und Kunstmachern, die ihn als Kunstwerk sahen: Ein Durchbruch, eine menschliche Dauerinstallation, eine Performance erster Güte, man war sich nicht sicher, wo im Katalog er abgebildet war, und ob er von einem modernen Klassiker oder der jungen, derzeit für Furore in der Szene sorgenden Sophie Blum stammte. Diese habe entsprechende Anfragen der Presse jedenfalls nicht verneint und ein derartiges Projekt als eine schon lange in ihr quasi keimende Absicht bezeichnet.

23

Ein Vorwort zum jetzigen Jahrhundert – müsste man es suchen, man würde es noch kaum finden – hinterher es zu entdecken, ein Nachwort zu schreiben, ist leichter. Item, es gibt wohl zu jeder Epoche, zu jedem Thema, jedem Menschen oder jeder Sache ein kleines Beispiel, ein Bild, das alles Wesentliche über das Kommende bereits beinhaltet, es in konzentrierter, vielleicht sogar reiner Form vorwegnimmt. Wie sich ein Werwolf zu einem Menschen und umgekehrt wandeln soll, homo homini lupus, der Mensch sei dem Menschen ein Wolf, hiess es einst, so gab es in der ersten Phase des 20. Jahrhunderts irgendwo in Amerika bekanntlich den Chamäleonmenschen.

Man behauptete, es gebe einen Mann, der sich in alle andern Menschen verwandeln könne, der sich anpassen, sich nicht nur wie die Begabteren unter uns in einen andern Menschen hineinversetzen, ihn imitieren, ja kopieren könne. Beim Chamäleonmann sei das einfach weiter entwickelt, seine Haut, seine Gebärden, sein Benehmen, seine Stimme änderten sich wirklich. Genau betrachtet, sagten einige Wissenschaftler, sei es nur eine ausgeprägtere Form dessen, was wir als Prinzip durchaus täglich erleben könnten, das Sich-Hineinversetzen, das Sich-Wandeln und so weiter.

Der Chamäleonmensch war ein Mann ohne Eigenschaften, ein Spiegelreflex, ein Abbild aller jeweiligen Umwelt. Die Kopfgeburt geisterte herum wie ein Gespenst, man nahm es aber meist als Kuriosität, als Teil eines Raritätenkabinetts auf dem Jahrmarkt, wie die Frau mit drei Beinen oder den Elefantenmann. Der Chamäleonmann geriet bald in die Fänge der Medizin, der Labors, der Testreihen. Wie Woyzeck wurde er untersucht, wie ein Tier gehalten, abgerichtet; und wie der zu zivilisierende wölfische Junge in der Pfarrstube sollte und musste er dran zugrunde gehen.

Der Chamäleonmann begann sein Auftreten vor dem Ersten Weltkrieg, in der die alten Strukturen zusammenbrachen mit einem Kaiser, der nur noch ein Erinnerungsbild seiner selbst war, Haut und Knochen. Die Moderne begann nach dem Ersten Weltkrieg, in den Köpfen wurde der Verlust spürbar und die Gier nach neuen Werten. Der Chamäleonmann bewies den Geschichts- und Gesichtsverlust der kommenden Zeit, er war die Schrift an der Wand. Bild über Bild seiner selbst konnte er liefern, nurmehr Bilder von sich, nicht mehr sich selbst. Plagiat und Spott waren seine Helfer, der Zynismus sein Vater, sein Bruder und sein Sohn. Jeder kann alles sein und nichts, jeder dreht mit scheinbarer Wichtigkeit um einen Nullwert, um ein goldenes Kalb, um sich selbst.

Der Chamäleonmann machte die Menschen austauschbar, sie fielen ihm anheim, sie wurden verführt von ihm, sich zu wandeln, belanglos zu werden, sich an irgendeine Bewegung anzuhängen. Er machte ihnen Angst und führte sie dazu, sich in den Schutz von Diktatoren zu begeben, denen sie schmeichelten und die sie dauernd bedrohten. Das Chamäleon liess sie an das Ende von links und rechts und oben und unten glauben, schlich sich in das Volk ein und in die Führer. Es brachte Geldgier, Wegwerfdenken, Style, Schnellmode, Schnellfood, Globalisierungsphantasie, Medienereignisse, Sport- und Kulturmythen.

Die Menschen wurden zur Werbung selbst, ob sie gerade ein Spot waren oder gerade nicht gesendet wurden, wussten sie gar nicht mehr. Schliesslich gelang dem Chamäleon, weil es nicht mehr erkannt werden wollte, eine Steigerung, ein Wurf: Es machte sich unsichtbar, war überall und nirgends und man sagte schliesslich im Kanon und lächelnd, es habe ihn, den Chamäleonmenschen, natürlich nie gegeben.

24

Erst spät im Dezember kam es meiner Klasse in den Sinn, auch dieses Jahr wieder ein Weihnachtsessen zu machen. Halb wollten wir, halb gab ich nach – es sollte im Klassenzimmer stattfinden. Zunächst gab es einiges zu tun, es liefen noch andere Aktivitäten, auch wie immer, bloss kündigte sich die Dichte der diesjährigen Veranstaltung schon früh an, es gibt Vorzeichen. Am Morgen musste das Zimmer noch aufgeräumt werden und einige Kerzen, die für Terre des Hommes Schweiz gemalt worden waren, waren noch nicht eingepackt. Das Znüni wurde noch im Zimmer eingenommen, dann wurde gewischt und nachmittags sollte der Kerzenverkauf stattfinden.

Bevor alle gingen, steckte der leicht alkoholgeschädigte Abwart seinen schrägen Kopf ins Zimmer, er hatte den Braten gerochen, und säuselte etwas von „besondere Veranstaltung heut". Nachdem er Auskunft erhalten hatte in rund sieben Sprachen durcheinander und einer achten ziemlich abputzenden auf Deutsch von der Lehrer-Kollegin, starrte er mit seinen Froschaugen und seiner rotvioletten Knollennase zum Abfallhaufen mitten im Zimmer, sagte nichts mehr. Gerade als wir an ein Delirium tremens glaubten, räusperte er sich, stellte seinen Kopf wie ein alter Auerhahn geierähnlich noch schräger als er schon war und gluckste, er sage nichts mehr, zog seinen Schwanz ein und machte sich davon, er blieb in seiner angebauten Hütte versteckt bis am andern Morgen.

Nun zottelten alle davon, die Lehrerin mitten drin im lärmigen Haufen. Es war extrem kalt vorne auf dem Platz, auch am frühen Nachmittag, die Schüler standen sich die Beine in den Leib mit ihren Kerzen, einer aber, eine sehr sportliche Gestalt, stand breitbeinig auf den Platz, sprach die Leute an, drückte ihnen die Kerzen in die Hände. Und weil die ausländischen Jugendlichen ein so bewegendes Bild abgaben, spendeten die Schweizer frischfröhlich und die Kerzen waren ausser zweien bald einmal weg. Jeweils die Hälfte der Klasse hatte im Klassenzimmer zu arbeiten, die Tische mit weissem Papier zu überziehen, die Getränke einzukaufen, die Weihnachtsdekoration aufzustellen, kleine Kerzlein, rote Alusterne, farbige Rüschen.

Ich hatte den Reis versprochen, brachte diesen auf dem Fahrrad in einer Isolierpfanne mit, damit etwas Bekanntes und Bekömmliches sicher sei, die Kollegin sorgte für das Gulasch, es konnte nichts mehr schiefgehen.

Als ich, mitten durch einen plötzlichen Eisregen mit meiner heissen, in Styropor eingepackten Pfanne ankam, es war halb sechs und um sechs sollte das Essen starten, waren die meisten der Schüler schon da und umgezogen. Sie schienen alle ihre sechzehn und siebzehn Jahre vergessen lassen zu wollen und hatten sich einige Jährchen zusätzlich mittels Outfit zugelegt.

Marziye hatte ihr Kopftuch natürlich noch an wie immer, ihr grösserer Bruder stand mit seinem Milchgesicht und seiner schwarzen Lederjacke bereits wie ihr Bodyguard im Gang herum, wurde von allen herzlich begrüsst und dann dort stehen gelassen. Marziyes Vater ist konservativer Moslem, also darf sie nie in Gegenwart von Knaben ins Wasser steigen, was ihr im Grunde recht ist, sportlich ist sie eine Niete und so ist sie strategisch geschickt und halblegal dispensiert. Und der ältere Sohn muss über sie wachen, weil der Vater das so will, und weil man das schon immer so gemacht hat. Die Mutter sieht ähnlich aus wie die Tochter, ist aber kaum je ausser Haus. Marziyes langes Stoffkleid war wie das ihrer Mutter weit geschnitten und gab ihr etwas Gespenstisches. Sie lachte mich an mit ihrem breiten, scheuen Gesicht, das, weil man die Haare nie sah, etwas überdurchschnittlich Reines ausstrahlt, dies obwohl die Kollegin auf meinen Tipp hin ihr letzte Woche mitteilen musste, sie solle sich duschen, sie stinke. Seitdem ist es besser. Marziye wäre eine sehr gute Schülerin, kann aber nicht sagen, was sie will beruflich und neben Deutsch lernt sie Französisch und Englisch und Baseldeutsch, was zuviel ist. Sie hat Pläne, die ihr die Familie macht, darüber soll sie den Schweizern nichts sagen, die verständen das nicht. Man wird sie wohl verheiraten, bevor etwas Dummes passiert. Ihr Pflichtbewusstsein ist gross, sofort eilt sie hinter die mitgebrachten Esswaren, die sich neben den Schulbüchern auf dem Korpus zu türmen begannen.

An dieser Stelle kann ich in meiner Schilderung nicht weitergehen, ohne die Lage des Klassenzimmers zu beschreiben, es ist das dritthinterste Mannschaftsschlafzimmer in einer ehemaligen Kaserne, Zimmer, welche alle bloss ein Fenster zum Rhein und eine Tür in den Hauptgang aufweisen. In diesem Gang hat es auf der andern Seite eine Fensterfront, durch welche der Blick auf den ehemaligen Exerzierplatz, den jetzigen Pausenhof schweifen darf.

Weil die Fenster jeweils geöffnet wurden und ein Schüler sich als Fassadenkletterer entpuppte, haben die Behörden sie zuschrauben lassen, jetzt hängen die Schüler im Gang herum und an den Fenstern, es hat kleine Nischen, Fensterbänke, die sind bei Pubertierenden sehr begehrt.

Wenn Elternabend ist, stellen wir dort einen Aschenbecher hin, weil es sonst einige nicht aushalten. Genauso ist es bei unserem Weihnachtsessen, die zwei Rauchsüchtigen eilen immer wieder hinaus und frönen ihrem Laster. Meist sind sie von ihren besten Freunden begleitet, sie bilden dann eine an sich selbst herumhängende Traube, die sich gut mag, viel lacht und Vorübergehende mit Witzen segnet. Ich hole alle ins Zimmer, bitte sie, sich zu setzen, meine Kollegin hat eine zündende Idee, sie will Knaben und Mädchen nebeneinander haben, also müssen alle wieder aufstehen und sich zwischen Knaben oder den Mädchen verpflanzen, was nur einige Minuten anhält, bald bilden sich Gruppen und die alte Ordnung oder Unordnung ist wieder hergestellt.

Ich verteile auf die Teller einige von der Klasse mitgebrachte Köstlichkeiten, gefüllte Peperoni, längliche, mit Hackfleisch, leider schon etwas kalt geworden, ganz kalte Cevapcici, ich rühme sie als Besonderheit und esse haufenweise davon, ich liebe sie, mir ist bald schon leicht übel. Aber das lasse ich mir nie anmerken, auch dieses Jahr nicht.

Mutig lade ich mir auch einen vietnamesischen Frühlingsroller und in Weinblätter eingewickelten Reis auf, was ich beim ersten Biss schon bereue, die Sache stinkt extrem nach Fisch, obwohl auf meine Anfrage hin da bloss Reis und Hackfleisch drin sein soll. Ich habe nun einiges zu überlegen, kaue den Rest hinunter, spüle mit dem billigsten Mineralwasser aus dem günstigsten Grossverteiler nach und atme schwer durch. Da fällt mein Blick auf ein wundersames Pärchen, mir gegenüber, die Tische sind quadratisch positioniert worden, ich habe den guten Überblick:

Ali und Cigdem gehen seit letzten Sommer in meine Klasse. Sie kleben seit Wochen aneinander, sie ist hübsch und jung wie man das nur sein kann, er ist schlank, hat seine Lehrstelle als Elektromechaniker auf sicher. Die beiden umschmeicheln, umstreicheln, umschlingen sich wie zwei erfahrene Verliebte beim dritten Mal, wo schon so etwas wie ein letztes Festklammern an den Illusionen auftritt, dabei sind sie unerfahren und keusch, dass es platzt. Cigdem ist dem Bruder von Ali verbunden, sie glaubt selbst, sie sei seine Freundin, das glauben alle, auch Ali, obwohl Cigdem den Bruder Alis nur selten sieht, der hat einen Beruf und hält sich an die Regeln türkischer Heiratszeremonien. Ali drückt mit Cigdem aber täglich die Schulbank, er ist nur ein Jahr älter als sie, die beiden verstehen sich wie sich ein Ballen Butter selbst versteht, alles ist eins, Fülle. Manchmal lacht sie mich an, die Kleine, als das Tanzen losgeht lacht sie sich krumm in ihren Twisthosen, die nun wieder modern sind, besser, die derzeit anscheinend in Istanbul getragen werden. Und Ali lächelt dauernd, wehe, wenn er merkt, was mit ihm passiert ist, bis anhin ist seine Familie noch ziemlich intakt, Bruder ist Bruder und so, Olum!

Bevor ich ganz in meine Gedanken versinke, statt weiterhin meine eingewickelten Fischhackfleischröllchen zu essen, stupft mich Erkan an, Erkan, der Philosoph, Erkan, der Grosse mit seinen Schweisshänden, seinem fetten Goldring seines Grossvaters, seiner noblen Schwarzhaarwürde, einem Geruch nach spanischem Grandseigneur, nach Hacienda-Besitzer. Dabei hat er absolut nichts Derartiges, aber er hat das Bild von sich aufgebaut, der Vater und seine Jünger fressen ihm aus der Hand, er gilt als der Gebildete, seine Gesichtszüge haben etwas Gütiges, Mildes und Altklug-Neurotisches, es ist das Antlitz eines Schauspielers alter Schule.

Er fragt mich, wie es mir gehe, und grinst dabei, ich frage ihn, was er denn immer schreibe an seinem Essplätzchen, denn er hat die ganze Zeit seine Notizen gemacht, da sagt er, das seien seine Gedanken zur Welt, er schreibe seit einem halben Jahr. Nein, da sei nichts Besonderes drin, bloss was so passiere notiere er hier. Es ist ein kleines Büchlein, nach jeder Zeile schaut er schräg links zum Klassenzimmerhimmel und leckt sich die Lippen, wölbt sie hinaus, nickt und schreibt wieder weiter. Für das Essen heute trägt er eine dunkle Hose und eine Kette um das Handgelenk. Sein Rollkragenpullover ist etwas verbraucht aber immer schwarz, was seinen Goldring und sein Kettchen gut zur Geltung bringt. Kürzlich hat er sich mit herablassenden Bemerkungen gegen Marziye hervorgetan und auch gegen andere, die nicht so stark sind in der Schule. Selbst fühlt er sich zum Studium der Philosophie berufen. Als ich ihn sanft darauf hinweise, dass er die Aufnahmeprüfungen für weiterführende Schulen kaum bestehen werde und er doch eine Schnupperlehre machen solle, ein guter Beruf sei auch ein grosser Wert, sagt er ganz langsam, das wolle er sich in den Ferien reichlich überlegen, er werde mich im neuen Jahr informieren über seinen Entschluss. Ich bekräftige ihm mit Handdruck sein immenses Vorhaben.

Unterdessen läuft im Zimmer die Musik, welche die Jugos mitgebracht haben, die Türken geniessen sie auch, denn es ist westeuropäische Discomusik. Auf der Tanzfläche, dem kleinen Plätzchen zwischen Tischen und Türe, bewegen sie sich, seit ich mit einem Handzeichen das Neonlicht ausgewunken habe. Es leuchten nun nur noch die kleinen Weihnachts-Rechaud-Kerzlein, es befinden sich ausser Erkan und Marziye alle auf dem Parkett. Nein, die Vietnamesin Thuong starrt abseits ins Fenster. Sie nähert sich mir zittrig, fragt, ob wir snell könn gehn hinaus zu spreken. Im Halbdunkel des Ganges, die Verkehrslichter der Stadt und die Platzbeleuchtung gegen die Drögeler dort leuchten gespenstisch herein, weint sie los, es schüttelt sie, ich warte, lasse mich von der Disco in meinem Klassenzimmer nicht stören. Der leere Schulhausgang hallt, die Lichter der Nacht darin wärmen.

Thuong ist siebzehn, zierlich, klein, wird vom Roten Kreuz betreut, seit sie ein Kind geboren hat, der Vater ist ein Mazedonier von 24 Jahren, der jahrelang in einem Gefängnis in Genf gesessen hat und Einreiseverbot hat in die Schweiz, trotz seines Sohnes, den er anerkennt. Ihre Mutter ist vietnamesischer Flüchtling, sie hat Thuong vor zwei Jahren nachkommen lassen. Sie hütet nun das Kind ihres Kindes. Thuong will nun von der Sozialarbeiterin unbedingt eine Wohnung, „sie soll mir Wohnung geben", sagt sie, „bitte Wohnung geben." Aber die Wohnung wird sie nicht bekommen, weil sei soeben den Aufnahmetest zur Krankenpfegeassistentin nicht bestanden hat, obwohl die Praktikumswoche hervorragend war. Das Deutsch sei nicht gut genug, sagte Schwester Käthi, welche die Tests korrigiert. Und sie hätten dieses Jahr nun auch hier zuviele Anmeldungen, früher sei es besser gewesen, da hätte sie Thuong mit Handkuss genommen, aber jetzt müsse sie auswählen.

Ich versichere Thuong, ich würde mit der Sozialarbeiterin reden, sage ihr aber auch, dass ich kaum Hoffnung hätte, sie müsse eine Arbeit finden, und nächstes Jahr dann auszuziehen, es in einem andern Spital nochmals versuchen mit der Pflegeassistentin.

Wir gehen zurück in die Disco im Zimmer, wo unterdessen der Lärmpegel so laut ist, dass ich mich entscheide, das Volumen etwas zurückzudrehen. Kaum habe ich mich gesetzt, winkt mir gegenüber Tuncel zu, ein Junge mit schwarzem Haar und für das heutige Fest mit Gilet ausstaffiert. Begeistert ruft er aus, ich sehe aus wie ein Mafia-Padrone, ich solle den schwarzen Revolver im Kittel besser verstecken. Ich winke zurück: „Danke für den Tipp, Tuncel", was er mit breitem Filmgrinsen und schwerknarrendem Deutsch quittiert: "Okay, Chef", und zieht den fiktiven Colt, dann schaut er zweimal nervös um die Ecke, schaut mich wieder grinsend an, „alles okay, Chef?", ich nicke bloss noch und ziehe die Mundecken hinunter. "Neue Waffen, Chef?", greint er, ich bedeute ihm mit der Hand einen Riesenrevolver, der nur mit beiden Händen schiessbar ist, lachend winkt er ab, lieber so einen, und dreht mit beiden Händen ein Doppeltrommelmagazin, zieht ein Rohr daraus hervor und dreht sich mit leisem Knattergeräusch breitarmig einmal um sich selbst, „die Luft ist rein, Boss", worauf wir vor Lachen losprusten, bis die Tanzenden etwas merken, mitlachen, aber weitertanzen wie die Wilden. Der grossspurige Kerzenverkäufer vom Nachmittag mit einem Body wie Ornold Sworzenegger zeigt gerade den kybernetisch anmutenden Macarena-Tanz, er nimmt die Arme und Unterarme wie ein Roboter zu sich, entfaltet sie, dreht sich maschinell und beginnt das Ganze in Variationen von Neuem, Steifheit und totale Rap-Weichheit wechseln sich ab. Admir ist ein Kriegsflüchtling aus Bosnien, er erzählt nicht, was er alles erlebt hat, er macht manchmal das Peace-Zeichen wie ich vor nunmehr bald dreissig Jahren, kurz nach Woodstock, Admir hat Kraft für zwei, sucht aber bei jeder Schlägerei im Pausenhof das Weite; er ist sehr hilfreich, er will Schreiner werden, wie sein Vater. Den gibt es nicht mehr. Einmal bloss hat er seine Wucht mächtig eingesetzt, als einige Jovanka bedrängten – er lädt mich ein, mitzutanzen, ich nicke und bleibe sitzen – als Jovanka, auch Bosnierin, Admir zulächelt. Sie ist über mehrere Stationen geflüchtet und wurde mehrfach geschändet vom Krieg, nicht vom heissen Krieg, aber in der Flüchtlingszone, in der Ächtung, in der stillen Verfolgung und Entwürdigung in Belgrad, wo sie kennenlernte, was Rassismus ist. Bei jedem kritischen Wort gegen die Schweiz braut sich in dem zarten, porzellanartigen Mädchen eine geballte Ladung Energie auf, die sich immer mit Tränen und zittriger Stimme entlädt, sie kann dann nicht mehr sprechen, hält das Weinen zurück so stark es geht, will nicht auffallen, nur dienen, in der Schweiz sei es so schön, niemand sei hier brutal zu ihr, alles sei gut, sie ertrage keine blöden Sprüche, die Ausländer seien viel schlimmer als die Schweizer, sie verstehe alles, was die so gegen die Gastgeber hier sagen würden. Sie ist überangepasst, fast dienerisch, hatte früh eine Tendenz zu Magersucht, musste dann drei Monate ins Spital, sterbensnah, ich hatte sie besucht dort, sie leuchtete mich immer an mit ihren blauen Augen. Und sie hat sich wieder erholt.

Dann macht sie auch manchmal auf Mitleid, schweigt, sondert sich ab von allen. Wenn sie wieder einen Anfall hat und ihn unterdrückt, halte ich sie am Arm, warte ab, versuche aber trotzdem, ihr sehr kritisch gegenüberzustehen, sie soll keinen Erfolg haben auf diese Art.

Aber Admir springt auf, mauzt, er könnte auch sich immer in die Mitte stellen und sein Elend erzählen, solche Sachen wie sie hätten in diesem Zimmer auch noch andere erlebt ohne diese Riesengeschichte darum herum zu machen. Und Emma hilft nach, bestätigt, tritt vor sie hin, als wolle sie sie schlagen, Yovanka weicht aus, zittert, weint anklagend, Emma beginnt zu lachen, begibt sich in die Arme Admirs.

Aber das war gestern, heute sind die Rollen wieder verteilt, Emma raucht wie ein Kamin, sie hat Pickel im Gesicht, Warzen auf dem Handrücken und jeden Morgen ein Husten und Stechen auf dem Lungenflügel. Sie trinkt Cola, isst Hamburgers und Pommes. Und raucht, sieht grau aus, hustet immer, am Morgen kommt sie jeweils klagend zu mir, meldet sich praktisch ab, die ersten zwei Stunden muss sie auf Touren kommen, sie verschanzt sich hinter ihrem Körper, der Bedürftigkeit anmeldet, Pflegerufe aussendet. Sie kleidet sich, wie man in Jugoslawien auf dem Lande die Stadt imitiert, enger Pullover, was ihre grossen Brüste endlos zur Geltung bringt, das gefällt zwar Admir, sie aber fällt bei den Schweizern auf, die Provinz wird belacht. Sie fragt jede zweite Stunde, ob sie nach vorne sitzen könne, sie sehe nicht gut, ich verweise sie zum zehnten Mal auf den Augenarzt, sie sagt, jaja, ich weiss, ich muss. Aber bisher ist sie nicht gegangen, „ich will keine Brille, wissen Sie, auf keinen Fall."

Ich blicke auf, weil jemand das Licht angemacht hat, und merke, dass in der Zwischenzeit der ganze Pulk aus dem Zimmer gegangen ist, das geht manchmal unheimlich schnell, die Gruppe kann dislozieren, als wäre es in einer Kaserne geübt worden, bloss frei, aus eigenen Stücken. Plötzlich ist niemand mehr da. Weil das im Gang Herumstehen entdeckt wurde. Das darf man im Schulalltag nicht, heute aber ist Fest, also nutzt man das aus. Bibbernd stehen alle im Gang, drinnen wird das Essen noch kälter, Türme von Liegengebliebenem duften süsssäuerlich vor sich hin, die Klasse

liebt das gemeinsame Bibbern, die Händchen sinken in die Jeansjackenärmel hinauf, die Schülterchen werden hochgezogen, Herumhängen ist ein Genuss an sich, an der Gesellschaft, an der Lebensunsicherheit, an der plötzlich überquellenden Lebensfreude, einfach herumhängen. Wie ich sie kurz beneide.

Plötzlich strömt der Pulk wieder ins Zimmer, Laetitia, ein schwarzes Mädchen aus dem mittleren Afrika, möchte Photos machen, sie selbst hat einen knallgelben Pullover an, sie stellt sich gleich hin und drückt mir den Apparat in die Hände. Ich suche umständlich den richtigen Abdrückmoment, bringe sie mit Faxen zum Lachen, das dann nicht mehr abbrechen will, zum Langzeitkichern übergeht. Sie nimmt sich Silvia, ein stilles Mädchen aus Mazedonien, dessen Festhemdchen als Besonderheit überkreuzte, echte Verkehrsleuchtstreifen eingenäht hat, stellt sich wiederum neben sie in Pose, ich übergebe den Apparat der Kollegin, welche alsbald dem Drängen nachgibt und alle Mädchen auf einmal in eine Foto pressen soll. Die eingenommenen Posen stammen alle von Bravo, Discooutfits und modernen Models, man wirft den Kopf zurück, zieht ein Bein kurz an und blickt dann leicht von unten herauf in die Kamera, gleichzeitig öffnet sich der rotgeschminkte Mund, zieht die Winkel hoch und lässt die Zähne leuchten. Zudem stellen sie sich automatisch alle in die gleiche Richtung, leicht schräg zur Kamera und den Kopf direkt zur Linse gedreht. Mit leichtem Wippen gehen alle nach links, dann nach rechts, jede Position will unter lautem Reklamieren festgehalten sein, sie werden sich alle auf die entwickelten und gedruckten Bilder stürzen, wie jedesmal, und minutenlang schwatzen zu jeder einzelnen Aufnahme. Klar dass jetzt die Knaben die Girls wegdrängen.

Darko ist unter Applaus wie immer zu spät gekommen. In einem hochsommerlichen Kittelchen, einem grauen Schillerveston und einem hochglänzenden Hemd mit weit offenem Kragen steht er da, der Kittel ist etwas zu kurz, er stammt vom Bruder, er hat das Stichwort Mafia von Tuncel aufgenommen und will ein sizilianisches Gang-Bild machen wie im Film, der Padrone seitlich oder in der Mitte hinten, zwei Nachbarn über die Schultern umarmend. Einzelne gehen vorne in der Mitte schräg in die Knie und drehen den Kopf zur Linse, die Stehenden drehen die Brust herauf, ein Arm geht in die Hosentasche, der andere bleibt in einer jovialen Geste in der Luft stehen, die Mimik todernst, einzelne Blicke schweifen mafios in die Ferne.

Als die Kollegin mehrmals geknipst hat, klatschen alle drauflos und strömen an die Tische, Dessert soll kommen, bereits sind einige Eclairs eingeworfen. Ich soll im Zucker schwimmende Süssigkeiten essen, gerne nehme ich eine, und weil die Vorspeisen der kleinen Vanessa noch praktisch alle da sind, exquisite, kleine, scharfe Brötchen aus Santo Domingo, essen wir noch alle von diesen dazwischen. Es hat noch eine Schwarzwäldertorte, zwei Kuchen von Müttern und diese jugoslawischen Margarine-Bretter, zehn Centimeter absolut steife Creme, knallweiss oder leuchtendgelb. Und eine Mutter hat ein Riesenblech voll Ofenküchlein gebacken. Schon kommt Emma und will wieder den Toilettenschlüssel, da gehen gleich drei Mädchen mit, Darko schreit, er habe vorher schon gekotzt. Admir witzt, ob ich noch eine Banane und eine Ananas wolle, das gebe zusammen etwas Bananas. Allgemeines Gegröle.

Jovanka steht in einer Ecke und leidet, Admir zeigt seine Muskeln und strahlt. Darko will sich noch einmal fotografieren, schreit herum mit Imponiergestus des starken Mannes, der gleich auf den Lehrer losgeht, es kündigen sich seine Abschiedsschmerzen an, wie alle ungeborgenen Kinder, von den Vätern überforderten Söhne und kleingehaltenen Töchter beginnen sie bei allen Arten von Wechsel und Unregelmässigkeit oder Schluss bis Abschiedsphasen in Schwierigkeiten zu geraten. Ich spreche mit ihm über den Bus, der ihn morgen Mittag nach Jugoslawien fährt, vierundzwanzig Stunden im vollen Bus bis er dort ist. Er streckt den Finger in die Höhe und sagt, so dünn und bleich er schon ist und in Behandlung bei einem Lungenarzt, Zigaretten sind das Wichtigste, dann geht es, und nickt nervös mit dem Kopf, wackelt mit den Beinen, kann keine Minute stillstehen.

Dann drückt er Emma in die Arme von Admir, bis dieser ihm eine Kopfnuss gibt und sie ihn anschreit, dann lachen alle, als er fortrennt. Plötzlich grosse Aufregung, Ayhan wolle vorsingen, ein türkisches Lied, wir ermutigen ihn, mit jeder Ermutigung aber distanziert er sich mehr und zieht sich zurück. Kaum geben wir nach und lassen ihn, meldet er sich zurück und sagt, er singe in fünf Minuten, so geht das Spiel ein bisschen weiter. Er ist erst seit einigen Monaten in der Klasse, vorher war er an einer Koranschule, er hat das Benehmen eines älteren Geschäftsmannes mit dickem Bauch, scheint ziemlich viel Geld zu haben und ist sehr grosszügig. Er zeigt seinen dicken Fingerring, sein Onkel hat einen Kebap-Stand im Gundeldingerquartier, der Vater ein kleines türkisches Reisebüro, er wolle alle Knaben einladen nach Izmir, sagt er, es bleibt aber beim guten Willen. Und dann steht er gerade hin, spreizt leicht die Beine und legt los, die eine Hand ausgestreckt, die andere auf dem Bauch ruhend, eine folgenreiche Geschichte, denn er liegt im Streit mit Emma wegen Jovankas Erziehung, Jovanka hat sich bei ihr ausgelassen, ausgeweint. Ich beschliesse, anderntags mit ihr zu sprechen. Krönender Abschluss ist die Ziehung der Geschenke, alle haben eines mitgebracht, und dann wird gelost. Da gibt es Plastiktierchen, Gummibärchen, Porzellankitsch, farbige Gläser, Schokoladebomben und Radiergummisets. Alles wird einzeln ausgepackt und beklatscht.

Man räumt auf, hinterlässt noch genug Sauerei für morgen früh. Einige gehen noch in eine Disco, andere nach Hause, Ali und Cigdem schieben noch übers Trottoir, Spazierengehen nennen sie das. Der Leibwächter Marziyes ist zur Stelle, Tuncel liefert mir zum Abschied noch ein Film-Duell mit einer ‚Smithnwessn'. Es ist kalt, die Drögeler haben sich aus dem Pausenhof verzogen, die Freudenmädchen des Quartiers stehen ganz nah an den Hauseingängen um die Ecke. Ich setze die Jüngeren der Klasse ins Tram, der Rest kann zu Fuss nach Hause, das Kleinbasel ist nicht gross. Vanessa, die leichter ist und kleiner als ein Kolibri und eine Zartbitterschokoladenhaut hat, sitzt mit mir und dem Hünen Admir im Tram für einige Stationen, wir sprechen hochdeutsch und bosnisch und spanisch durcheinander und gebrochen, die Türken und die Schwarzen im Tram glotzen, weil da ein eindeutiger und bekittelter Schweizer mit zwei der ihren spricht, und laut. Und die Schweizer schauen bald stur und milde und müde aus dem Fenster. Dabei schneit es nicht einmal draussen, es ist bloss nasskalt. „Wiedersehen Professor", witzt mich Admir an und Vanessa gluckst und kichert darüberher wie ein Federchen im Märchenland.

NACHBARN

1

Ja. So leise. So ein leiser Ernst ist schon hinter dem Wort, auf dem dünngelben Papier MAHNUNG, fett, unterstrichen. Bitte, wie bestellt. Bitte warten. BITTE WARTEN. Bitte warten. Seitdem beschaue ich diese unleserlichen Stempel. Diese Räume sind zu niedrig. Wie spät ist es. Wo ich hier bin. Eben habe ich den Portier gefragt. Hier ist es richtig, sagt der. ES. Jaja, nur hinauf. Diese Treppen. Früher schon, aber jetzt. Beamte kommen nicht. Sie warten. Mein Fuss. Ich ziehe den Schuh aus. Was wissen die schon. Eins ist sicher, nachher, nachher geh ich in das Geschäft bei den Bäumen. Alle rauchen. Aber ich nicht. Zum Berühren eng ist der Gang. Sind noch älter als ich diese Frauen, und der Mann mit der Glatze, der mit dem Hut, der Jüngere. Ich bin mir schön dumm vorgekommen, sicher bin ich errötet.

Ich bleibe stehen vor der Tür. Alle verstummen plötzlich oder verschweigen etwas. Bis ich endlich sass, wo ich sitze. Da geht hinten am Korridor eine Gangtür auf, einer kommt heraus, sagt kein Wort und stiehlt sich nach draussen. Wenn niemand etwas sagt, bleibe ich still. Man ruft meinen Namen, schon jetzt, aber diese waren doch vor mir, das war zu laut. Niemand regt sich. Heb die Brauen Ilse und geh. Ich bin nicht freundlich. Sowas. Ich habe doch nichts getan. Wie der mit dem Kopf nickt. Jetzt fragt er dann. Ach, mein Bein. Zum Mann bei den Bäumen will ich. Bis ich die Ausweise gefunden habe in meiner schwarzen Tasche. Darf man nicht mehr kramen. Deutlich und gross, sagt der, jaja, ich mach schon, fülle ja aus, unterschreibe. Gut so. Aber so lang, wie sie mich anschauen, hatte ich nicht. Immer Vorwürfe ohne Worte. Verräterisch schnell sprecht ihr dann. Als wolltet ihr etwas nicht sehen oder hören. Das Verborgene. Das Bedrückende.

Er starrt kurz und überlegen auf das Papier, gibt ohne Blick den Ausweis zurück, beschreibt ein Formular, flüstert, Moment, nimmt den Hörer ab. Ich versteh nicht, was sie sprechen, ich höre nur die Hälfte. Schon lange. Und. Jemand deutet mit dickem Finger auf das dünngelbe Blatt, wiederkommen, wie immer, Freitag, Dreizehnuhr. Sie geben mir Formulare mit Mahnungen, immer mehr Stempelvermerke, Unterschriften, Einweisung, Ausweisung,

Prof., erledigt am, i. A., Dr., Dr., unser Zeichen, Eidgenössische Ausgleichskasse EAK, hier keine Vermerke, zahlbar bis, bitte an obige Adresse. Im Gang ist niemand mehr. Es muss hier noch andere Büros geben, wo sind alle hingegangen. Hinten hat es sicher unsichtbare Türen. Irgendwo ganz weit hinten die Türen hinter den Türen. Zwerge im Magen, dachte ich immer, Zwerge verteilen auf kleinen, roten Wägelchen das Essen im ganzen Körper, jeder Teil bekommt das Richtige geliefert, prompt und zuverlässig, ab- und ausgewogen, versorgt. Versorgt. Aber. Wie spät ist es jeden Monat. Gehe ich in das Geschäft. Beim Mann unter den Bäumen. Kein Lift.

2

Niemand, Nacht, Nebel, Nieseln. Ich sei ein Sürmel, ich würde sie versumen und solle lieber die alten Chrachen auf der Landschaft wieder hochfahren, dorthin, wo ich herkäme, heitere Fahne, ich versaue ihnen das Geschäft, einer maulte, er sei chibig, ich solle lieber abdampfen, sonst gäbs auf die Schnitze. Sie wollen mir mich selbst wegnehmen. Ich könnte meinen Karren wintertüchtig machen, die Räder durch Kufen ersetzen. Wenn es überhaupt wieder einmal schneit wie früher. Taxis bespritzen mich, Leute puffen mich an, rempeln, diese Angst überall.

Ohne meine Pferde ginge es nicht. Vor einigen Jahren bewunderten sie mich noch knapp als tapferes Relikt vergangener Tage, als ich vor den Restaurants und Kantinen die Speisereste für die Schweine einsammelte. Aber seit mein Wagen in der Innerstadt kaum mehr durchkommt und sie den Rossduft nicht mehr riechen mögen, weil er ihre Deos übertrumpft, wispern sie mir Schwynschopf und Saubock und Stinksack zu und weichen mir aus. Wahrscheinlich kann ich bald nur noch einige Stunden wöchentlich in die Stadt fahren, vielleicht nur noch ein paar Sekunden auf dem Kutschbock sitzen, vielleicht überhaut nie mehr und sie schaffen mich ab, vielleicht geht alles so schnell, vielleicht fährt plötzlich die Stadt um mich, und ich muss schwinden, werde immer jünger, zurückgetrieben, sterbe rückwärts.

Aber nichts da! Kufen müssen her im Dezember, Attraktion. Gottverzeihmers! Das kommt zur Geltung! Denn ich merke, dass meine Stadt kleiner wird. Zuerst schrieb ich die Veränderung dem Dezemberverkehr zu, dem weihnächtlichen Durcheinander, den winterlichen Lichtverhältnissen. Aber dann hatte ich auch auf den Toiletten etwas weniger Platz als sonst und beim Verlassen meines Wagens schien es mir, ich müsse tiefer hinunter steigen. Als ich dann eine Woche später meine Stirne wundstiess an einem Türbalken eines Ladens und wieder einige Tage später nicht mehr durch ein Schaufenster blicken konnte, ohne mich zu bücken, schrieb ich es zunächst dem Alkohol zu.

Alle, denen ich meine schreckliche Entdeckung anvertraue, bestätigen mir mit Halsrenke aufwärts blickend sofort meine Begründung. Sie wissen es auch schon, aber verdrängen, dass sie langsam schwinden. Es ist ihnen ja nicht zu verdenken, niemand hat bis anhin eine akzeptable Erklärung gefunden. Und doch sehe ich ihre neiderfüllten Augen, ihre traurige Wut darin. Ich selbst bleibe ja gleich gross. Nicht ein einziges Fingerchen ist geschrumpft. Jetzt stossen sie mich aus. Aber mit mir ist zu rechnen, die Zukunft gehört mir, mir ganz allein. Wenn jemand mitfahren will, bücke ich mich, rufe hinunter und hebe den Zwerg auf meinen Bock. Die Pferde müssen schauen, dass sie niemanden zertreten. Autos kann ich beiseite schlenkern wie einst meine lieben Spielautos.

Wenn das so weitergeht, werde ich sie umkreisen können mit meinem Schlittenkarren, meiner fliegenden Kutsche. Einfach die Geschäftsstrasse runter über alle Autos und Ameisen hinwegfahren, rollen zuerst oben an der Strasse, immer schneller, immer lauter ausrufend, und alles stiebt auseinander. Dann, wenn im unteren Teil Schnee liegt, die Kufen herunterlassen, mit dem Spezialknüppel, ganz elegant, neben dem Peitschenständer, dann die Peitsche in die Hand, pitsch, patsch, immer heftiger bis ganz hinunter in den Platz preschen und genau dort, genau wo es wieder flach wird hebt meine Kutsche wieder ab, fliegt in geneigten Kreisen noch zweimal über das Schwindsuchtstädtchen, um das Münstertürmchen schon weit unten, ich lache, schaue hinunter auf die kleine Welt, entfahre, als wäre ich Luna und morgen schon Sol, in die Himmel einer durchfunkelten Nacht.

Wenn die Kinder sie fragen, ob ich der Weihnachtsmann sei, werden sie das durchtun und vernüttigen und ihnen sagen, ich sei ein gspunnener Juppiduler. Schissebibbi brunzen die Hühner, rufen sie aus, wenn ich etwas einwende. Sie werden mich als irrenden Riesen verhaften wollen, mich in ein extra gebautes Riesengefängnis stecken und sagen, für Grössenwahnsinnige und veraltete Modelle hätten sie gar nichts übrig, dass ich das nur gleich wisse. Aber sie werden immer kleiner werden und kein Gefängnis wird gross genug sein für mich. Sie sagen, ich sei krank. Ich solle doch meine Sauchübel rübis und stübis selber auffressen. Einen Dreck wird ich. Aber ich werde es ihnen zeigen auf meinem fliegenden Kutschbock, die Speiseabfälle werde ich in die überleuchtet nächtliche Stadt hinunterschleudern, auf die Taxis und die feinen Roben der Damen und neuen Weihnachtsmäntel der Herren, sie werden ausgleiten, wie die Ameisen in den regenbogenen Benzinlachen werden sie unaufhörlich darin ertrinken, nie ertrunken sein. Die Himmels-Pferdeäpfel werden platzen auf den Plätzen und alles überduften.

3

Ach, sie sollen doch denken, was sie wollen, vielleicht sagen sie ich sei der Einfältige im Neubaumeer, solange nur diese Ritze da letzte zwinkernde Strahlen durchlässt. Niemand weiss, dass ich hier oben im Rohbau bin, hier arbeiten die armen Hunde, morgen früh, haben Karretten, füllen Beton ein, tauchen mit dicken Brummstäben in die graue Masse, sinken selbst leicht ein darin, müssen ebnen, wässern, nachher alles abkratzen von diesen Schaufeln und Brettern, ein Ton, der mit spitzen Krallen direkt am Nerv kratzt, dass es bis in die Finger- und Zehennägel hinein schmerzt, unten fährt hie und da ein Auto vorbei, aber so ruhig ist es jetzt wie nie sonst, der Boden kühl, rostige Reste von Armierungseisen und einige über angegrauten Holzstellen liegende Überkleiderteile, wo bin ich, im siebten, achten Stock?

Da es noch keine Fenster hat, könnte ich an einigen Stellen direkt hinauslaufen und in die Tiefe stürzen und auf irgendeinem alten Lastwagenpneu, der schräg an einer weisslichen Malerleiter läge, wuchtig zerschellen und bucklig verkrümmt liegenbleiben, die würden meine Reste finden, würden erschrecken, es schnell wegbringen, es vergessen.

Ich werde mich nun hinlegen und einfach liegenbleiben bis morgen früh. Einfach bis ich erwachen werde in der Sonne auf einem Bauplatz, und dann, dann gehe ich die halberstellte Treppe etwas hinunter auf das Gerüst. Aber jetzt bin ich noch da, niemand weiss, wo ich bin, und käme zufällig jemand, wüsste der nicht, wer ich bin, und ich würde nicht wissen wollen, wer er sei, und ich gäbe mir keine Mühe, auch nur aufzustehen, wenn er käme. Ich will auch gar nicht mehr in Linien denken und nicht richtig, nichts mehr ist jetzt zielgerichtet, genauso wie dieser Bau in der Nacht stillsteht, völlig unnütz der Welt und sich, so steht auch in meinem Kopf alles still, nichts mehr muss geschehen, kein Wecker, kein Telefon, kein Geschrei, kein Geschirr, keine Wäsche, kein Essen, kein Schlaf – nur liegen, manchmal offenen Auges, manchmal geschlossenen, wechselnd nach innen und aussen das Hören, das Zuhören, das Weghören. Es nützt der Welt nichts, wenn sie ruft, ich werde erst wieder gehen, wenn es mir beliebt, wenn es mich aufhebt, wenn es mich gelüstet aufzustehen, zu gehen, leicht zu sein dann, senkrecht, frei. Jetzt liege ich lieber so breit und schwer ganz flach auf dem unfertigen Beton und sinke und sinke.

Ich sah wieder die junge Frau vor mir mit dem roten Samtkleid, ihren Übermut, wie sie aus dem Fenster lachte, und wie sie im Vorbeigehen, schwer beladen mit grossen, nassen Leintüchern, uns Kinder neckte und an allen möglichen Orten zwickte, bis wir ihr nachliefen, und sie uns herumscheuchte, dass wir uns kugelten. Ich hatte sie so lange nicht gesehen, sie war in Begleitung, und ich wollte nicht stören und mich nicht vorschieben. Sie war wohltuend streng gewesen mit uns, und mit ihrer ruhigen Selbstverständlichkeit überzeugte sie nicht nur die Kinder ringsum. Bilder waren geblieben: Güte, nicht Geschenke, freundliche Heiterkeit, nicht Lachgeschichten. Ich schaute in meine Zeitung und hörte ihre Stimme, sah zum Fenster hinaus und vertiefte mich in ihr herüberdringendes Lachen. Ich liebte sie wohl, weil sie ganz anders war als ich.

Sie lebt dort, wo sie gebraucht wird, wo man sie hinruft, wo sie gefragt ist, ich trachte im Suchen nach besserem und eigentlicherem Leben noch immer am Leben vorbei. Sie wäre der Fluss von Quelle zu Mündung und ich ein eifrig stochernder Flösser, auf meinem schweren Gefährt oft gegen die Strömung stapfend, herüber und hinüber, kämpfend gegen das, was mich trägt. Mich an mir vergehen hiesse, mich am Frühling nicht mehr freuen zu können, nicht mehr an Baum, Sonne, Nacht und Regen. Ein Verhängnis ist es, nicht Floss, sondern Flösser sein zu müssen.

Plötzlich musste ich zufrieden aufatmen. Als ich gehen wollte, lachte sie neben mir auf und strich mir mit der Hand schnell über die Stirn. Denkerfalten, Achtung Denkerfalten, grinste sie übers ganze Gesicht, hielt mich am Oberarm und wisperte, erzähl ein bisschen, ich setz mich zu dir, ja?

Ich werde mich bemühen, nein, nicht einmal bemühen, ich werde ganz einfach unnütz einfältig werden, und wenn alles stillstände, und die Menschen, wo sie auch wären, sich über und auf alles hinlegten und einfach nichts mehr täten als sich dem ergeben, was mit dem hingelegten Körper und der losgelassenen Seele so alles geschieht, es wäre bald eine ganz andere Welt, zeitvoll, grandios einfältig und warm, liebevoll, zärtlich, faul und eigensinnig. Abheben vom Beton wie farbiges Irrlicht über Grau. Ich werde zu Irrlichtern wechseln, Irrlichter, welche andern Irrlichtern noch zu entweichen suchen.

Wir würden, lautlos wie die einsinkende Nacht, nur so sein, wie es ist, das ES IST sein, keine Gefühle idealisieren oder abstrahieren, wir würden dann ein einziges Wollen haben und es selbst sein, wir würden den anderen Menschen sehen, ihn gelten lassen, ohne gleichgültig zu sein, alles würden wir mit Genuss tun oder es bleiben lassen. Wir. So würden wir den Bereich des Geniessens weit ausdehnen und selbst die kleinste Bewegung mit Freude ausführen, den Körper achten und gesund bleiben und ohne Denken das Gute geschehen lassen. Es gibt Kräfte über unserem Willen: sich ihnen anheim geben, reifen. Dann würde ich eine Art von Wärme in mir haben, die es mir erlaubte, mich zu konzentrieren, nachzudenken.

Es ist früh am Morgen, ich stehe am Rand der Betonplatte und sehe nach unten ins Halbdunkel. Bald treffen die ersten Arbeiter ein. Im Container des Poliers brennt Licht. Ein Lieferwagen mit starken Scheinwerfern steht da. Der Boden hat kein Geländer, aufs Baugerüst hinaus ist es bloss ein Schritt. Es ist kalt. Ein erster Sonnenstrahl blitzt ab an einem Stahlrohr.

4

Jedes Jahr treffe ich Adrian im Spiegellabyrinth. Adrian ist etwas feist und distanziert und hat zahlreiche Seiten. Er ist im Panoptikum des Lebens, wie er es nennt, wenn er Ausrufer spielt, zuhause. Er liebt den Herbst, seine Fülle und Ruhe; die ausklingende Sommerkraft, sagt er.

Der Zauber der Spiegelungen und des Vorgegaukelten hatte ihn schon als Kind gepackt und jetzt, da er im reiferen Alter steht, spiegelt er sich selbst, spielt mit den Spiegeln und allen Zerrbildern und allen Vexierungen, die er erhaschen kann von andern. Einmal geflohen ins Panoptikum wird es möglich, sich darin auch noch zu verflüchtigen. Adrian fuhr ewig irgendwohin, hinaus, hinunter, herunter, darüber, untendurch, und „immer auf Achse" lachte er an jeder Haltestelle. Seine Sprüche waren Allgemeinplätze, die er jeweils so dicht in einen gleichgültigen Humor einbettete, dass man oft nur noch wusste, dass jemand gelacht hatte, aber nicht ein einziger Grund sich dafür auffrischen liess.

Anfänglich pflegte er diese Spiele wie ein Gärtner seine Blümchen. Als er aber mit dem Altern etwas verwahrloste und die Sorgfalt verlor, als sich alles bloss noch zu wiederholen schien, als er begann, seine Witze aufzureihen wie an einer Stubenwäscheleine, als er begann, zu lachen bevor er etwas gesagt hatte, als er begann, sich zu wiederholen oder zu fragen, ob er jetzt diesen Witz schon erzählt habe, da merkten die belämmerten Umstehenden, dass er begann, auf sie und sich böse zu werden und sich selbst zu zerfleischen. Also bekämpfte er seinen aufkommenden Nihilismus nur noch zum Scheine und liess nicht durchdringen, ob er noch und was er wirklich glaubte. Also verteidigte er die Arbeiter mit dem Habitus und den Worten eines Neureichen. Oder er schaute während einer Diskussion systematisch zum Fenster hinaus, als sässe dort draussen ein noch interessanterer Gesprächspartner. Jedesmal wenn er Wein bestellte, fluchte er über den Wein und das Trinken. Kaum aber schimpfte er richtig, breitete er den Mantel des Unernstes über seine Äusserungen. Seine Tobereien wurden immer pauschaler, Volk und Verwaltung und die Weltregierung hielten brav ihren Hydrakopf hin, und wenn man ihn reden liess, was er beabsichtigte, steigerte er sich, weil er wusste, dass seine Bekannten seine Übertreibungen und Auftrumpfungen wahrnahmen, phantasierte immer lauter und grenzenloser, als wäre sein Geist eine glimmende Endlosspirale.

Er sah darin Gebärden der Urmutter, einer Mannmutter, einen Matriarchen, einen chaotischen Gedankendemiurgen, einen Mutterstoff, festgezurrt mit Mannesfibeln. Bacchantisch Auswassern, alle zarteren Möglichkeiten fortschwemmen. Wuchten, berserkernd alles tun, sich ertränken ohne zu ertrinken, halbe Restaurants füllen oder leeren, Plätze aus der Monotonie reissen. Siebzehn, nein siebenhundert Freunde aus aller Welt und Kongresspolitiker, elende Hie-und-Da-Treffs, Fernlieben und Fernhass, Prominenzenkundler. Ich antichambriere schon auch, aber nicht wie der schlaue Max, was, du kennst den schlauen Max nicht? Das ist der, welcher am Heiligabend in Vesoul, das glaubst du nicht.

Weiter und weiter in sich hinein erzählt er, sich und seinen Spiegeln. Niemand will es hören, niemand kann es hören. Alles schon gehört. Spiegel für Klänge, Klänge spiegeln, Spiegel klingen. Dort wird er sich verflüchtigen, alle Jahre wieder, ich werde ihm oder seinem hellglänzenden Schatten begegnen, unhörbar, jedes Jahr bleibe ich länger im Labyrinth, er hält mich dort fest, ich kann nicht so einfach weg, alles fällt mir schwer, ich falle auf wie ein Granitfels aufschlägt im Talgrund, leicht meine ich, wie bitte? Alles fällt mir so schwer, ich falle auf wie ein Granitfels aufschlägt im Talgrund, alles fällt mir schwer, leicht meine ich, schon gesagt, ha, leicht ist gut.

5

Ohne Wasser kein Leben, sagte Josef, allerdings: Wen oder was er am Leben erhält, kann der Mensch sich fragen, sofern er Wasserträger ist oder werden will. Aber ab und zu, ab und zu ist wohl jeder Mensch so wie ich ein Wasserträger, ob er will oder nicht. So sprach Josef.

Im Heimatdorf arbeiteten die Grosseltern und Eltern noch auf dem Feld, dort ging man zum Steinbruch am Tag, am Morgen in den Stall, am Abend aufs Feld, am Sonntag zur Kirche, gleich mehrmals, am Samstag ins Turnen mit dem Turnverein, ins Schiessen mit dem Schiessverein. Dort verurteilte man, wenn jemand etwas be-gangen hatte, nicht das Vergehen des Einzelnen, dort richtete man das Ver-gehen an sich. Das Trinken wurde gerügt, nicht der Trinker. Allerdings der Trinker dann als Opfer des Trinkens gerichtet. Nicht mit Strang und Beil, nein, mit Gerücht und Hatz. Als der blutjunge Josef eine Frau aus dem welschen Teil heiratete und erst noch eine Protestantin, wurden ihm die Türen zum jährlichen Maskenball nicht etwa zugesperrt, sondern da wurde er von den sich um ihn kreisförmig zusammenschliessenden Frauen arg ans Bein getreten und dann drängten ihn die netten Turnkollegen mit versteckten Prügeln unter die Gürtellinie hinaus, ein Spuk des Gespukten, lachten sie, wie? Was? Wo? Josef heiratete dann aus Trotz und floh fort in eine andere Gemeinde des unteren Tals.

Er trug ihr das Wasser vom Wasserfass zum Blumenbeet, später den Harass mit Mineralwasser in den Keller, er trug Bettvorleger in den ersten Stock und Gästen das Essen auf am Samstag. Sie schenkte ihm vier Kinder. Und ihnen trug er sein Geld heim, trug sie in die Kirche, ins Bett und auf überhitzten Sonntagswanderungen auf den Schultern. Seine Frau, als er schon längst verstummt war, stritt sich immer noch mit den Heimatdörfern, zu denen sie den Kontakt doch nicht ganz abbrechen lassen konnten, sie hatten noch Obst dort, einige Ackerwesen verpachtet und Tanten und Nichten.

An freien Samstagen, als die Kinder schon eigene Wege gingen und er nur noch mit der Frau hätte herumzanken können, verzog er sich in den Garten hinter Kompostürme, die es umzuschichten oder auszuteilen galt, blieb gebückt stundenlang beim Unkrautjäten oder beim Einsetzen von Lauchsetzlingen und Kohlrübenpflänzchen, welche er selbst aus Samen gezogen hatte im selbstgebauten Gartenhäuschen.

Da sich seine Frau mit den Nachbarn zerstritt und verlangte, dass man, sie richtete sich ohne Blick an Josef, vorne zur Strasse hin einen Zaun und gegen die Seite hin ein Mäuerchen baue und gegen unten hin eine Thujahecke, hatte er genug zu tun, jahrelang. Das Haus wurde hermetisch abgeriegelt. Wenn er hinausging, tat er dies nur noch in Begleitung seiner eifersüchtelnden Frau oder im sauberen Auto zur Arbeit. Später erledigte er die grösseren Aufgaben im Keller der Festung: Gestelle, Kinderbettchen, Kleinmöbel, Grossmöbel, Bodenbeläge, Wandbekleidungen.

Im Heimatdorf hatte er viele Apfelbäumchen gepflanzt, weitab von den Menschen, mit einem stündigen Fussmarsch kam man dazu. So fuhr er regelmässig wie die Uhr zur Arbeit, zu den Bäumen und nach Hause, wo er sich alsogleich in den Keller verzog. Spätabends dann sass er stumm vor dem Fernseher. Aber dieser Kreis, in dem er sich umkreiste, steigerte eigenartigerweise das Tempo. Um der Leere zu entweichen stürmte er von einer Abgeschiedenheit in die andere Einsamkeit, von Streitflucht zu Streitflucht, von Verborgenheit zu Verborgenheit.

Nachdem ihm sein Sohn eines Tages gesagt hatte, er besuche ihn nicht mehr, wenn er ihn nie besuche, wusste er plötzlich weder ein noch aus und holte ruhig im Keller die blitzblanke Motorsäge, fuhr in sein Büro, kürzte allen Tischen und Stühlen die Beine, zersägte eine Schreibmaschine und eine Türe, setzte sich wieder ans Steuer, raste auf sein Feld, fällte allen seinen Bäumen wie das Fallbeil die Köpfe, raste nach Hause und vergrub sich, nach Luft ringend, mit Selbstvorwürfen in den Keller. Seine Scham über seinen Anfall nahm ihm alle Kraft. Wenn er nicht gerade im Keller war, trat er mit heftigem, ruckendem und zuckendem Blick auf, blieb eine Sekunde stehen und ging dann bolzengerade, steiferhobenen Hauptes seiner Wege, bog andauernd um Hausecken, suchte Kessel und Wasser, plärrte etwas von „Tragen", verniedlichte, verschwand.

6

Schon damals, wenn ich am frühen Morgen durch die nebelgraue Stadt zur Arbeit fuhr, hatte ich sie ganz am Rande meines Sehbereichs wahrgenommen. An einem mächtigen Haus direkt am Fluss war ein Hinterhaus angebaut worden, mit einem Lichtschacht und ein zusätzliches Treppenhaus, ein Fluchtweg aus lichtbrechendem Glas, graugrün, durchschimmernd, undurchsichtig, fünf Stockwerke hoch, ein Turm beinahe, anziehend kühl, schlecht sichtbar zwischen anderen Häusern. Im dritten Stock war ein türgrosses Normfenster eingebaut. Dahinter stand dieses Mädchen und blickte einen sich verlierenden, stummen Moment lang über das Wasser zur Brücke hin.

Einmal kam mir die ganze Familie des Mädchens auf der gegenüberliegenden Strassenseite entgegen, im Eilschritt, uniform angezogen, verstohlen und grau blickend, geordnet heimwärts. Und als ich beim Vorbeigehen einmal in das noble Schaufenster eines grösseren Geschäftes blickte, verzogen sich alle diese Mädchen dahinter wie auf unsichtbares Geheiss, die Mutter räumte das Regal alleine voll, sie war weder hier noch dort, dachte ich damals schon, weder Mädchen noch Frau, zwischen Es und Sie.

Da die Familie strenggläubig einer orthodoxen Religionsgruppe angehört, tragen alle einen dunklen, bis zu den Knöcheln fallenden Rock, hochgeschlossene Blusen und einen Altfrauenhut, eine rituelle Kopfbedeckung, welche kaum je gelüftet wird. Die florierende Gobelin- und Teppichfirma des Vaters ermöglichte allen Kindern eine Privatschule und danach die reibungslose Integration ins Geschäft und in die Hausarbeit. Die gute Stube strotzt bis in die Ausgangsschuhe vor Arbeitswille, vor Sparsamkeit und Triebverzicht.

Und nun trifft sich der Ausblick meines neuen Arbeitsplatzes genau mit dem Blickfeld dieses Mädchens im gläsernen Hinterhaus, wasserwärts, täglich, wenn sie sich kurz zurückzieht, etwas frische Luft atmen will oder schwermütig wohl einer knapp erahnten Freiheit nachsinnt.

Zahlreiche Lichtwege gleiten durch die morgendliche Kühle hinüber zu jener dunkelgrauen Gestalt, welche lange stehen bleibt, die ich noch nie habe weggehen sehen, die einfach immer da ist oder nicht mehr da ist. Die Erscheinung wiederholt sich seit Wochen so unverändert, dass ich manchmal nicht mehr weiss, ob ich sie nun gerade gesehen habe, oder ob das erst gestern noch gewesen war. Und morgen wird es genau so sein. Ich kann nicht anders. Sobald ich aus dem Fenster sehe, sehe ich auf der andern Seite des Flusses einen Glasturm. Kaum schlage ich die Augenlieder nieder oder rücke den Stuhl näher ans Fenster oder weiter weg vom Tisch, ist sie schon wieder verschwunden aus ihrem Käfig oder steht wieder dort.

Und heute früh, ohne jede Absicht, hatte ich sie dank unserer Kleinstadt direkt vor meiner Nase gehabt, als wir auf die Fähre warten wussten. Bei genauem Hinsehen zeigte sich ein ausgetrocknetes Gesicht hinter dieser Frau, deren Frisur und Brille auch eine Siebzigjährige hätte tragen können. Und manchmal schaut sie mich keusch an. Eine provokante Maria. Täglich werde ich sehen müssen, wie sie in dieser weltberühmten Pose der sinnenden, sinnlichen Schönheit madonnenartig und artig den verträumten Blick lustvoll und weltschmerzdurchdrungen zugleich über das kühle, gefährliche Wasser zwischen mir und ihr gleiten lässt, zur selben Stunde am selben Ort treffen wir uns wieder. Unumgänglich. Ich kündige nicht, kaum habe ich hier angefangen.

7

Wie jeden Abend sitzt Bluntschi vor seinem Fernseher und sieht wie alle die Tagesschau. Auf dieses Viertelstündchen Zerstreuung verzichte er nicht gern, sagt er seiner davon immer entzückt reagierenden Frau, die um diese Zeit ihrem Pudel etwas zu trinken bringt und ihm zulächelt. Wenn man das so bedenkt, sagt er vor sich hin, sind das in dreissig Jahren zehntausend Tagesschauen, genau zehntausend jewartmalja, zehntausendneunhundertundfünfzigmal Schatz, wenn man das bedenkt, nicht?

Den anschliessenden Kriminalfilm geniesst er auch. Und sie sagt, jetzt sei das Vorprogramm fertig, jetzt komme der richtige Film. Als er dann ein paarmal gehen muss und in der Garage seine Zigaretten holen will, ganz leise, weil die Frau wie immer auf dem Sofa eingeschlafen ist, sieht er weit drüben etwas Seltsames. Dort ist in und vor einer Villa eine hellerleuchtete Party im Gange. Hinter riesigen Glasterrassen und luxuriösen Automobilen, weiss und dunkelblau glänzend, dezent im Mondlicht erscheinend, bewegen sich Galakleider mit Gläsern, Diener mit Hummer, Finger mit Zigarren. Bluntschi bleibt in der milden Abendluft stehen, hält in der Linken die blinkenden Garagenschlüssel, während die Rechte lässig im Sommerhosensack verschwindet.

Da plötzlich, langsam und würdig auftauchend, fahren einige speziell schwarzglänzende Limousinen vor, stehen einige Sekunden still, öffnen langsam und gleichzeitig und konzertiert sich die Autotüren, bleiben wiederum einige Sekunden offen, dann wechselt das Tempo: In der geräuschlosen Ferne entspringen den Wagen leichtfedernd, schlank und schwarzgekleidet Männer. Sie sind mit hochmodernen, automatischen Gewehren mit Schalldämpfern und Zielfernrohren ausgerüstet, über den Kopf haben alle schwarze und edle Damenstrümpfe gezogen. Bluntschi bleibt wie angewurzelt stehen und traut seinen Augen kaum.

Die Terroristen eilen geräuschlos zur Villa, springen etwas auseinander, einer zündet mit einem funkelnden Feuerzeug eine Art Handgranate, bleibt wie die andern fünf Sekunden reglos stehen und wirft sie dann mit einer galanten, perfekt eingeübten Armbewegung weit ausholend und kraftvoll durch die Scheibe im oberen Stock direkt auf einen Hummer. Mit einer wallenden und grandiosen Wucht bläht sich im Saal ein Feuerschein, drückt die Scheiben nach aussen und verspritzt sich als leckendes Feuer in den oberen Stock und in die Kleider der Gäste, von denen einige, wieder geräuschlos für Bluntschi, hinunter aufs Trottoir fliegen, wie Magmaklumpen in die reifen Trauben an den Hängen von Pompeji. Und wie Gazellen in der Wüste verteilen sich die Langen, Schwarzen, Dünnen in jedes Stockwerk und schiessen mit Feuerwerfern in alles, was noch nicht brennt, während unten einer mit einer Maschinenpistole alle Flüchtigen niedermäht. Bluntschi schaut seelenruhig zu. Er denkt an seine Zigaretten, kneift wie Bogart die Augen ein bisschen zusammen und tritt gefasst in den Schatten seiner Eingangspappel, die schwarz in den Nachthimmel ragt. Bluntschi rutscht unbemerkt ein Satz aus dem Mund; what the hell ist that, sagt er und beisst sich auf die Mahlzähne.

Nun aber wenden sich die schwarzen Männchen vom ersten Inferno ab und dem Hause Bluntschis zu, kommen ihm langsam auf der leicht abfallenden Strasse entgegen, tänzelnd, modern. Bluntschi bleibt kühl. Er weiss, dass sie die Garagentür nicht durchschiessen können, weil sie zu massiv ist. Bluntschi blickt noch einmal gefasst an seinem Haus empor, und als die Gazellen ganz nah sind, tritt er etwas vor, um mit ihnen abzurechnen, waffenlos, selbstsicher. Er sieht sein Haus brennen und spürt die überall in ihn eindringenden Kugeln. Kurz bevor er stirbt, muss er weinen vor Glück. Alle Häuser lodern.

8

Als ich eintrat, durchschossen meine Blicke diesen Raum voll von Lichtern und Menschen, Spiegeln, glitzernden Armspangen und Gelächter, welches sich wie eine dauernde Erfrischung durch das dumpfe Gemurmel des Foyers halten konnte und meine Heiterkeit noch verstärkte. In diesem flockigen, nebelartigen Rauschen von Roben und Fräcken verschwanden alle Konturen in ein luftiges Gefühl des Schwebens durch alle Zeit.

Es kam mir, als sei ich dort geboren worden, vor wie das Leben selbst, das ich so dicht und überhell beleuchtet als Ganzes schauen dürfte, bevor alles wieder verschwände in allen Winden, nach unbekannten Häusern, dunklen Gassen, unauffindbaren Wohnungen. Inmitten der grossen Dunkelheit war mir hier ein vollerfüllter und fassbarer Lebensraum gegeben, und ich sank hinein, als wäre ich einer der Lichtstrahlen, die in zeitloser Schnelle im Raum reflektiert würden, immer wieder in kürzester Zeit wie im Reigenrausch alles berührten, was es je gab. Der ganze Lichtraum war ich selbst, ich. Ich spürte die Möglichkeit, zu Raum zu werden, eine Umgebung zu sein statt ein Körper. Und plötzlich fiel ganz reich alle Enge von mir ab, und das Universum geistiger Möglichkeiten tat sich vor mir auf. Wenn ich jetzt eines dieser unauffindbaren Häuser des einstigen Dunkels betrete, erinnere ich mich sehr selten des Theaterfoyers. Aber dann und wann streift mich wie Nektar das Insekt ein Licht, ein Raumfunkeln. Und für tiefe, kurze Zeit kann ich wieder Nahrung finden für lange.

Als reife, etwas überpuderte Dame gab sie sich mir gegenüber. Ein kleines Mädchen einst, schön getippelt und gezirkelt, gelacht in der Sonne und gesungen, in ihrem Schein sich in Musik gedreht, auch um sich selbst und die Arme weit in den Himmel gebreitet hatte sie, einst. Dann die ersten Ballettstunden, die sie nie vernachlässigte, dann kam sie in die Schule und vergass das alles für kurz. Vierzehnjährig bekam sie vom langen Ernst die erste Rose geschenkt, ging mit ihm ins Theater, wo ihr alles wieder hochkam, die Klänge von einst, die Sonne auf der Bühne, sich verschenkend aller Welt, und dieser Glanz, der gleissende Glanz auf den Spielern vor dem Vorhang, hinter dem Vorhang, im Applaus. Alles durchtränkt vom warmen Leben, zu sehen gibt es hier, meine Damen und Herren, Jahrtausende geistigen Seins. Sie lachte.

Sich ganz verspüren, schwärmte sie mit grossartig verschlungenen Handbewegungen, sich in diese Wärme begeben, ein Jugendtraum, eine Jugendidee, ein Kitsch vielleicht, ich weiss es noch ganz genau: Auftreten, auftreten, welch ein Wort. Stell dir vor, wie ein junges Pferd im Morgentau mit dem Vorderhuf durch die Bodennebel das Gras liebkosen, den Boden streicheln, den Hals hoch aufgerichtet, Stolz ohne Arroganz, den Kopf leicht gesenkt: Würde zeigen, ja, das wäre Theater, Würde zeigen. Zudem war das die Lösung für viele Probleme. Fort, fort zum Theater. Sie verliess die Schule voll Zuversicht, lernte, übte, schrie und weinte auf der Schauspielschule, legte schliesslich die Prüfungen ab wie gefordert, bewegt und gesprochen wie gefordert, geweint und geatmet wie gefordert, drei Jahre lang. Einladungen erhielt sie, Anträge von alten und jungen Schauspielern, Regisseuren, Theaterdirektoren. Und Rosen, viele, viele Rosen. Sie lachte wieder laut.

Die Soffitten, der weiche Samt, im Rücken der dunklen Hinterbühne, im Gesicht die gleissende Fläche, Achtung, und, deux, trois und los, mit Glisser hinein, nicht daneben geraten scheint denen das Wichtigste, vor all den Leuten, wenn die wüssten, glisser, bleiben, immer auf die andere Seite schauen, auf die anderen schauen und plier, pas de pas à pas, un pas de deux.

Auch Zigaretten und Wein, Sensibilitätsübungen, Seelenspielchen, Nachtstunden, Rauchtage, Kunstlichtproben, schreiende Opernregisseure, eifersüchtige Kolleginnen, betrügende Liebhaber, heimtückische Freunde, krankmachende Ärzte, Tabletten gegen die Müdigkeit, Tabletten für den Schlaf, gegen die Angst, für die Aufregung. Und wenig Lohn bei vielen Versprechungen.

Plier läuft gut, Positionen eins bis fünf durchjagen, in der Companie werde ich mitgetragen. Die Voyeure im Parkett sind legal, ich bin das Objekt der Begierde, der Saal hat sich als Gruppe von Liebhabern legalisiert, wir sind die Salomés, ihr seid Herodes, wir wollen à la fin den Kopf des Johannes. Mich lässt man nie ein ins Zusehen, aber ich sehe euch, sehe hinter der schwarzen Wand das Pack, das verachtete und geliebte Abonnententum, wenn ihr wüsstet, ihr wisst es, wollt es aber nicht wahrhaben, die Spannung erhält euch, dass ich es nie für euch mache, sondern nur für mich, auch mir zuliebe, für meinen Körper, meine Eitelkeit, meine Selbstliebe, nur Selbstliebe, meine Erfüllung, für niemand sonst, nur für mich. Und dabei seht ihr mir zu, wenn ich es mache, euch nicht sehe, aber weiss, ihr seid da.

Und strecken und tourner, wie auf der Probe, les exercices, also beobachten Beobachter Beobachter, sonst nichts. Ausser dass ich den Tanz mache, nie ekstatisch, immer am Rand zur möglichen Ekstase, ein raffiniertes Spiel mit dem Exzess, von dem alle träumen. Die Leute im Parkett schauen zu, sie sehen sich nicht an und uns nicht, es ist blosses Schauen. Als Figur seht ihr mich, ich tanze ungesehen, unangeblickt, nicht zurückblickend. Ein Nichts, als liesse ich meinen Schatten vor euch tanzen, ich sehe mir mehr zu als ihr mir. Und ich sehe euch genau in der Schwärze hinter den Scheinwerfern, die mich mit ihrem vollen Schwall überschwemmen, glatt anleuchten, haarscharf konturieren, jedes Körperteilchen durch die dünne zweite Haut abbilden, andeuten. Verführung. Verführen vorführen.

Sie wohnt mit sechs jungen Leuten in einer Altstadtwohnung, in welcher sie ein einfaches Zimmer belegt, mit Matratze am Boden und einem riesigen, alten Schrank. Einst trieb sie ein Kind ab. Sie wurde anschliessend magersüchtig, und bald war das Jugendlachen verloren. Nun lebt sie mit mittleren Rollen unverändert, zwischen Nervenklinik und rauchendem Kunstlichtproblem, für das Regietheater sagt sie, seit über zwanzig Jahren. Voller und runder werde ich dabei, klar. Ausbrechen wird immer schwieriger, moniert sie, zwischendurch denk ich schon, was würde ich tun, was würde ich nur tun, wenn ich meine Erinnerungen nicht hätte an erste Träume, ich könnte wohl nicht anders leben als ich lebe, ich würde jederzeit wieder zurückkehren in diesen Affenkäfig, diesen Sumpf. Wir fallen uns manchmal erschöpft in die Arme, wir weinen, tanzen, schimpfen, lernen, wir werden krank und wieder etwas gesünder, der Rauch, der Alkohol, die Tabletten. Es gibt höheres, als zu sich Sorge zu tragen, lieber schneller blicken, aber hell, als lange trüb. So ist das.

Sauter, nochmals Sauter und ganz oben im Sprung die Pause, die Wende, vielleicht ist in den Pausen ein Moment, in denen ich mich vergesse, für diesen Bruchteil der Schwerelosigkeit zwischen hochspringen und wieder zurückfallen, das ist wie in den Zwischenakten, das Warten bis zum nächsten Auftritt. Das ist die Hölle und die totale Spannung. Hier sein und nicht da sein, erwartet werden und nicht kommen, sich sehen und sich nicht zeigen.

Relever und élancer mehrfach, élancer, relever, diese Ausweglosigkeit in den Brüchen. Und ich meistere sie, dass man ihre Schwere und die Anstrengung kaum bemerkt. Als hätte die Musik Glanz, ich wäre ein Schimmer darin. Sichtbar gemachte Musik. Sanft berührt vom Schauen und von der anhaltenden Blicklosigkeit. Empfangen und erfüllt sein. Was ich mir nehme, was ihr euch nehmt, wer weiss. Wir schmieden uns jeden Abend ein. Wir sind bewegungslos gefügt ins Urgestein der Welt, fossil.

Der Schritt vom Tanz altershalber ins Schauspiel war nicht leicht, murmelte sie mir zu. Ich muss gehen, lachte sie und schminkte sich hinter vorgehaltener Hand die angefältelten Lippen, mit denen sie die rote Paste wülstig verrieb, das Spiegelchen ganz in ihre Hand gebettet und geschmiegt, dann zupfte sie ein wenig an sich herum, plusterte sich auf, sagte mit der tiefstmöglichen Stimme plötzlich, sie habe inzwischen auch schon graue Schamhaare wie eine alte Wölfin, klappte das Täschchen zu und schwebte von hinnen. Hinterliess mir eine seither immer wieder auftauchende Wolke schweren Parfüms, den Duft filterloser Zigaretten und von starkem Whisky.

9

Er steht, wartet im Führerstand in der überhitzten Bahnhofhalle. In der Lokomotive ist es schön dunkel, die Scheibe schimmert dunkelbau unter den grossen Metallwischern hervor, welche von oben herunter zwei schmutzfreie Halbbogen auf der sonst von zerplatzten Insekten besprenkelten Vorderfront freilassen. Das kleine Seitenfenster ist heruntergelassen, es entsteht ein feiner Luftzug, die Gestalt ragt leicht aus der Öffnung. Er raucht, schaut über alles hinweg, über die Leute, über das Fahrerpult, den hart federnden Sitz, und es duftet nach Maschinenöl und Leder. Der starke, wilde Schnurrbart erinnert an dunkle Gestalten und Dörfer mit eigenen Gesetzen, mit Arbeit und Festen.

Der Mann ist feinnervig, sehnig, gebrannt von Sonne und Motorenhitze. Der Geruch von Schmierfetten, Schienenabrieb, trocken, penetrant. Ganze Fabrikhallen sind erfüllt von diesem Geruch, die mit Feuer und Goldreigen durchzogenen Farbschleier beim Schweissen und Zersägen grösserer Eisenplatten und Fahrgestellträger, das Gefühl und das Geniessen, zu Eisen gehöre Hitze, auch dann noch, wenn die kalten Verschalungsplatten in der Montagehalle klirren, dieses Höllische von Lokomotiven, Beängstigendes, Heulen und Kreischen der Bremsen, knallendes Durchflirren von stahlblauen Winternächten entlang der Oberleitung, verbrennender Frost, sich entlang der Räder versprühende Funken, verzischender Dampf.

Die unaufhaltsame, reichlangsame Kraft des Anfahrens, das würdige Schnellerwerden und das gradlinige Durchtrennen des Raumes; er spricht selten über diese Dinge. In seinem Gesicht spiegeln sich unzählige Nächte, welche er durchfuhr in den Morgen hinein, Blicke zur Sonne, zum Mond, zum stummen Begleiter der Nachtstrecken. Er erschaut sich das Land, ohne Gier, ohne Besitznahme, ohne ein Bild zu malen. Das Land, die Natur selbst, hat sich in ihn gelegt, ein unerschütterliches Fundament immerwiederkehrender Farben und Gestalten jeder Helle, jeden Dunkels; die Trübungen und der Glanz der Tageszeiten: Teile von ihm selbst.

Er fährt den Zug durch Wälder, an Kühen, Schafen, Bäuerinnen, Kleinstädtern, Signalanlagen vorbei unter Brücken, unter Städten, geht zur Arbeit, kommt mit funkelndem Blick, abgekämpft nach Hause, lacht, erzählt von Kollegen, von Lokomotiven, schaut lachend in das ruhige Gesicht seiner Frau, wird launenhaft, streng und ausgelassen zugleich. Das Flackrige der Bahnhöfe, das Ameisengetümmel. Seine Hände liegen immer noch auf der dunklen Fensterluke, die Hände gleichen dem Gesicht, ferne Kraft stolzer Meere, der Heimat, leuchtend. Er fährt mit der Linken am Fahrerpult aus dem Bahnhof in der befreiten Lokomotive. Ganz hinten, am Ende der kirchhohen Halle, schliesst er sein Fenster, die Lokomotive entgleitet auf eigenartig ruckenden Linien über die flimmernden Weichen durch den Rangierlärm, der manchmal schon schnell verstummt, wenn sein ausfahrender Zug das Weite sucht.

10

Ich verachtete sie, meine Spiegeltante, mit schlechtem Gewissen. Sie sprach wenig, weil sie mächtigen Respekt vor aller Bildung und Minderwertigkeitsgefühle wegen ihrer Unbildung besass. Oder sie lachte drauflos, vergass Anstand und Würde und machte Sprüche wie ein Pubertätsflegel. Selten erreichte sie die Mitte dieser beiden Züge. Dann aber gipfelte sie zu Weisheiten, welche von hartem Leben gestählt waren und auf verborgene Empfindungen schliessen liessen, obwohl sie laut und oft grob in die gute Stube gekarrt wurden, als liesse ein träger Hund nach bissigem Gebell im Abklingen zu langem Schlaf noch ein paar murrende Brocken fallen, weniger, weil er das so wollte, sondern weil er sich dumpf vergass.

Ich ertrug sie. Sie erzählte manchmal von ihren Freundinnen, vom Kartenspiel, von Werbefahrten auf die Insel Mainau oder an den Rheinfall bei Schaffhausen, von einer Bekannten, die schon länger im Spital liege, von Königin Beatrix oder vom Papst im Vatikan und von der Gelegenheit, durch Beziehungen Unterwäsche zu einem günstigen Preis zu bekommen, sodass sie wohl der ganzen Familie und allen Enkeln neue kaufen werde. Aber die gibt's erst zu Weihnachten, lachte sie, laut, lästig, etwas garstig. Und dann plötzlich verstummte sie, sagte, einem erblindenden Spiegel gleich, kein Wort mehr, verstockte sich ins Schweigen.

Ich staunte. Dann brummte sie nur noch, schaute murrend mal hier- und mal dorthin und dann plötzlich, nach längerem Starren, rief sie erschreckend laut: „Die Frauen können tiefer in die Abgründe ihrer Männer sehen als sie selbst." Dann blieb sie wieder still, versank in beklemmende Monotonie ununterbrochenen Starrens. Als habe sie in sich gerade ein weises Buch gelesen, stand sie auf und rief etwas kantig und mit steinernem Ausdruck: „In jedem Mensch ruht halt ein Gott." Ich fragte mich, ob man diesen Gott nun aufwecken oder aus seinem Schlafe Kraft gewinnen oder aus seiner Tiefe Weisheiten schöpfen sollte. Die Mischung aus ihrem Ernst und ihrer fahrigen, manchmal groben Art zog mich an. Ich begann, die Tante mit dem ungeölten Mundwerk höher zu achten, nahm mir vor, sie nicht mehr vorschnell als oberflächlich einzuordnen und abzustellen.

Ich sah sie in einem andern Licht. Sprachvorsicht, Sprachverhaltenheit und Sprechhemmungen haben womöglich ihren Grund in lähmender und irisierender Hochachtung der Tante oder vieler Menschen vor dem Gemeinten. Man müsste sich wirklich manchmal die Augenlider wegschneiden können, dass das Selbstgenügsame und Verächtliche verginge und die Courage entstünde, nicht nur dem Dunkel, sondern auch dem Blendenden ins Antlitz zu sehen, immer und überall. Vielleicht, wie die Reflexe vor dem Einschlafen und im Träumen, sind die ungefassten Gedankenblitze und immer wieder schwindenden Erhellungen der Tante Spiegelbild allgemeinmenschlicher Wesensart, welche der einblindende Spiegel doch noch preisgibt. Als wären wir alle einblindende Spiegel.

11

Als lebte es noch in ständischer Ordnung ging das Kind seinen Weg. Es scheint, es hätte nie eine andere Möglichkeit des Lebens gehabt als diese. Es blieb in der niedersten Schule im entsprechenden Stadtquartier, unglücklich benachteiligt. Man hätte nicht mehr tun können, sagte man, man hat sich ja wirklich im Rahmen des Möglichen bemüht. Und viele staunten über eine gewisse Gefühllosigkeit, der sie sich gegenüber sahen, als das Kind so plötzlich starb. Als durchschlügest du eine Glasscheibe oder schnittest dich in die Hand, sagte eine Lehrerin, im ersten Augenblick ist nur Staunen, Verwunderung, der Schmerz folgt erst anschliessend. Niemand aus dem Quartier oder der Schule hatte zunächst Mitleid, es gab kaum Tränen, keine Trostworte. Die Nachbarn munkelten, das Wesen des Jungen habe immer etwas Ungreifbares gehabt, als sei alles schon im Augenblick des Geschehens eine Vergangenheit gewesen, als würden er und sein Schicksal erst jetzt, nach seinem Tod, fassbar.

Der Vater ist verschwunden, Mutter arbeitet bei der Post. Das Kind wächst heran zu einem sehr kräftigen, etwas klobigen, harzig gehenden Knaben. Als es zehn Jahre zählt, weckt es eines Morgens die Mutter und teilt ihm den Tod der es bisher erziehenden Grossmutter mit. Sie schlug viel, jetzt aber ist sie tot, lieber manchmal Schläge als das, sagte das Kind. Es kocht sein Essen jetzt selbst, schaut immer glotziger aus seiner Einsamkeit, mit offenen Augen und offenem Mund, leicht schrägem Kopf, langem, strähnigem Haar, das von Zeit zu Zeit sehr kurz geschoren wird. Elfjährig erkrankt es an einer Hirnhautentzündung. Die Mutter muss sich in der gleichen Zeit einer Unterleibsoperation unterziehen. Und erst und genau jetzt taucht der Vater wieder auf.

Er will dieser Verwahrlosung ein Ende bereiten, und wenn es ihm zu bunt wird, schlägt er drein. Er wird mich schon noch kennenlernen. Aber er ist ein Kind, ist sehr empfindsam, erscheint nach aussen wie ein geschnitzter Pinocchio, reagiert aber mit inneren Verletzungen, gleicht einem geschlagenen Pferd, einem verwundeten Elefanten, einer Heuschrecke, der er ein

Bein ausgerissen hat, die sich huckend im Kreise dreht, bis die Ameisen sie besteigen.

Das Kind weint viel, schreit herum, schlägt zurück. Es überragt seine Mitschüler schon früh um Kopfeslänge, es ist etwas unbeweglicher als sie, hat sehr grosse Füsse, muss meistens die Kappe aufsetzten. Damit es nicht nochmals eine Hirnhautentzündung bekommt, sagt die Grossmutter. Wenn es eine Geschichte hört, irgendeine, hört es zu und vergisst alle Welt rundum, sitzt unbewegt und starrt vor sich hin. Jede Störung versetzt es in grosse Wut, aber seit es von drei Klassenkameraden gemeinsam verhauen wurde, unterdrückt es seinen Zorn. Es wird bleich, will zum offenen Fenster, sagt immer wieder, Frischluft sei besser, während die andern es heimlich und bald offen einen Idioten, einen Mongoloiden, einen Deppen schimpfen, wegen der Mütze vorallem. Sie erzählen den Mädchen, der Trottel habe schon Haare, wo sie noch keine hätten, er wird gefoppt wegen seines angeblich so grossen Ross-Schwanzes, er schämt sich tief, schlägt manchmal den Mädchen blutige Nasen. Aber gleichzeitig versinkt er in stummes, verstocktes Zuhören, ins Zeichnen und Kritzeln, ins Lesen von Schundromanen. Manchmal muss er wie ein ganz kleines Kind weinen, verspricht dann, besser zu werden, mehr zu lernen, nicht mehr zu schlagen, tappt heim durch den Stadtlärm, setzt das Essen auf, putzt, träumt durchs Fenster, schlendert verloren durch die Gassen. Und läuft dann direkt vor dem Haus unter ein Auto, träumend, abwesend, er war gar nie richtig anwesend eigentlich, die Schüler sagen es wie die Mutter und der Vater, vielleicht sei es besser so, das habe ja so kommen müssen.

12

Ganz in der Sonne, in diesem durchs Mark dringenden Erhellen gebannt, dem Funkeln antwortend tief aus der eigenen Wärme heraus, gehend durch die spröden Wege zwischen schon gelblichem Gras und abgebrannten Dammborden. Dass ein Stück verbrannte Erde eine strenge, wie ihm schien erwachsene Schwere in das ganze Erleben bringt – so in Gedanken wanderte der ernste Knabe zur grossen Schule, zu einem dunklen, kühlen Steingebäude mit roten Fliesen, welche Funken spien unter dem Knall der mit Eisenplättchen beschlagenen Schuhe. Das schwarze Gras am Rande und die roten Steinkorridore vor sich sehend war der Weg in der Glut ihm noch beglückender. Die Hände streiften immer wieder die Heckenblätter und er schlurfte über die gelblichweissen Naturwege.

Heisse Steine lagen am Weg. Die linke Hand war angewinkelt, eingeklemmt unter dem nach Leder duftenden Schulsackriemen. Die Kniesocken schnitten leicht ein, das flackrige Granitgrau dieser Wolle, mitten im warmen Leben kühle Schönheit. Es sanken alle Geräusche rundum in die Sonnenglut und eine tiefe Abgeschiedenheit umgab ihn. Er verlangsamte seinen Schritt, blieb stehen. Nur noch Grillen waren zu hören, kein Knistern mehr unter den Schuhen, rundum nur Zirpen und Wärme.

Da liegt eine Schlange am Wegrand. Und er sieht nur diese Schlange daliegen und hört sein Herz pochen, und nichts regt sich mehr auf der Welt. Jetzt dreht sie sich um, wellt sich über den Kalk, wie eine kleine Woge im Stein krümmt sie sich über die Hitze des Weges, zwei Meter vor dem starren Knaben, sie ist schnell wieder entwichen, er hört sie nicht mehr, sieht sie immer wieder vor sich die nächsten Wochen, wie sie so langsam und doch schnell in den Schatten zog, zwischen den Grashalmen hindurchstreifte und sich in der zukunftsschweren Branderde verlor.

In den Steinen wohnen, dachte der Knabe halblaut, stell dir vor, zwischen Kieseln, kühl, glatt, und Kalk, abfärbend, das Knirschen zwischen den Zähnen, wenn man etwas Sand in den Mund bekommt. Und ich werde heute viele Funken schlagen auf den Schulhausfliesen.

13

Als ich gegen den Hof kam, der ausserhalb des abgelegenen Dorfes auf einem Hügel liegt und den ich zu Fuss erreichen wollte, empfingen mich unter einigen grossen Nussbäumen und Tannen, die den Weg säumten, zwei Gänse mit lauter Heftigkeit und bedrohlichem Schnappen. Hinten auf einer kleinen Holzbank an der Sonnenwand sass die Alte, rief mit warmer Greisenstimme den Gänsen etwas zu, und sie liessen sofort ab von mir. Die sind besser als ein Wachhund, sagte sie lachend, setz dich zu mir.

Sie sprach sehr wenig und genoss in aller Schweigsamkeit unser Zusammensein und die Sonnenstrahlen. Viel mitzureden hatte sie auch nie gehabt, war sehr streng erzogen worden in diesem vergessenen Nest. Im Haus drin dann begann sie zu brosmen. Fünf Schwestern seien sie gewesen und ein Bruder. Alle waren bereits gestorben, sie erzählte kaum etwas von ihnen, aber über die Jugendzeit gingen ihr Gedanken über die Lippen wie im Selbstgespräch, äusserst langsam und teilweise mit geschlossenen Augen, sitzend auf der unteren Specksteinplatte des Stubenofens, die Hände in den Schoss gelegt.

Was hätten wir Schwestern schon machen können ausser auf die Stör gehen, alle machten das so hier und wir hatten uns daran gewöhnt, herrliche Tücher hatten wir gewoben, Aussteuern für die Mädchen, und wir gingen von Hof zu Hof um die Bettlaken und Vorhänge zu stopfen, wir verkauften auch Bordüren, Gesticktes, Gehäkeltes. Der Bruder blieb zuhause, half wo es ging, war halt etwas schwach, er hat dann alles geerbt. Ja wir hätten keine Möglichkeit gehabt, ausser Haus zu kommen, ausser auf der Stör, alle meine Schwestern hatten so geheiratet, und ich auch beinahe. Sie schwieg lange. Das hast du nicht gewusst, wie das genau ging, aber dass es plötzlich ein Kind gab, das merktest du. Wir hätten uns ja geheiratet, wir hatten uns so gern, aber es ging nicht mehr. Vater erwischte uns, als der junge Kerl bei mir in der Kammer war, wir waren noch so jung. Er wurde verjagt und unter Androhung, man werde ihn erschlagen, wenn er sich wieder zeige, vom Hof und von mir natürlich ferngehalten.

Sie schwieg lange, es war Nacht geworden. Sechzig, fünfundsechzig Jahre sei das her, sie schenkte ein Glas Rotwein ein, schien mich wieder zu vergessen und berichtete weiter.

Das Schlimmste war eigentlich nicht das, so, sondern diese Pfarrbeichten, das Totschweigen, die Todsünde, es vor der Heirat bereits zu tun. Zur Strafe musste ich von da an auf dem Hof bleiben, überall erzählte man sich meine Geschichte herum, und die Schandmäuler schauten nur noch so gerne drauf, dass kein Mannsbild sich mehr an einer solchen wie mir hätte erfreuen können. Aber als ich dann merkte, dass ich ein Kind bekam, überstand ich die sich steigernden Wutanfälle und Drohungen des Vaters besser, ich war innerlich sehr stark. Jahrelang kam ich nie mehr vom Hof weg, aber die Kleine war gesund. Das war mir alles. Bis heut ist das so, trotz meiner Einsamkeit jetzt hier. Sie war so schön und erinnerte mich immer an ihren Vater, der sie noch nie gesehen hatte, obwohl auch er seitdem alleingeblieben war und mir in Briefen beteuerte, er wolle zu mir kommen. Aber ich konnte doch gegen meinen eigenen Vater nicht aufbegehren. Und die lebenslange Schande hätte mein Liebster doch nie ertragen, im Dorf wäre er nie zu einem angesehenen Manne geworden, das wusste er, deshalb riet ich ihm, weit fortzureisen und mich zu vergessen.

Das tat er denn auch, bis nach einigen Jahren, die Kleine war fünf geworden und ich durfte manchmal am Sonntag mit ihr zur Kirche unter Begleitung meines Vaters. Sie stockte. Bis er mir dann entgegenkam auf dem Feldweg in der Sonne, ich erkannte ihn früh, und das Herz blieb mir fast stehen, bis Vater es merkte und sah, wer uns da begegnete. Er schrie ihm zu, er solle stehen bleiben und keinen Schritt näher kommen, vor allen Leuten schrie er, schrie und schrie, Jessesmaria, und so standen wir da in einem Dutzend Schritt Entfernung und er schaute auf sein Kind und starrte zu mir und wieder aufs Kind, ich kann nicht sagen wie das war, ich weiss es noch heute, es war das einzige Mal, dass er sein Kind gesehen hat, nachher ging er endgültig ins Ausland und kam niemals wieder, ich habe keine Ahnung, ob er noch lebt.

Sie legte ächzend Holz nach. Ich brach auf, wir standen schweigend im Garten. Manchmal erhält die Alte Besuch, aber sie besorgt die Gänse, die Blumen, das Anwesen und ihr Essen allein.

14

Es war einmal ein hübscher Knabe, der wohnte in einem prächtigen Haus und hatte fast alles, was er sich nur immer wünschen mochte, wie ein richtiger, kleiner Prinz. Manchmal allerdings wurde er ein bisschen traurig und die Mutter oder der Gärtner fragten ihn, was denn der Grund sei. Alles Fragen aber brachte nichts, denn der Knabe wusste selbst nicht, was ihn so bedrückte. Und man meinte zu sich, dass wie so oft bisher, durch Süssigkeiten und Fleischgerichte, das eine für das Gemüt, das andere für die Kraft, der Junge wieder heiterer würde. Aber er wurde es nicht, im Gegenteil, je mehr er ass, desto massleidiger und beleibter wurde er. Auch der Onkel, die Tante, die ewige Grossmutter und die wechselnden Nachbarn und Ärzte fanden keinerlei Mittel. Der Knabe war geschwisterlos, erbte das prächtige Haus sehr früh und eine ansehnliche Summe Geld dazu. Weil der Prinz es immer am schönsten hatte und nie etwas arbeiten musste, wagte es niemand, ihn zu besuchen, aus Angst, es könne ihm dadurch Arbeit aufgebürdet werden, also fanden sich auch keine Freunde, denn man fürchtete, ihn mit etwas Beschwerlichem belasten zu müssen.

Die sterbende Mutter empfahl ihm eine nette Frau aus der engeren Umgebung, zu welcher man vorsorglich schon Kontakte geknüpft hatte. Er heiratete sie denn auch bald, und ganz glücklich ging er durch seine Gemächer und ass, soviel ihm seine liebe Frau auch immer auftischte. Er lächelte und tätschelte, und seine liebe Frau lächelte auch und tätschelte auch, immerzu. Und an einem schönen Abend sagte er freundlich wie immer zu ihr, zu seinem grossen Glück fehle ihm nur noch eines, nämlich dass sie ihm ein Kind schenke. Aber was sie auch immer taten und versuchten: Der liebe Gott wollte sich nicht zu diesem Geschenk bewegen lassen. Deshalb trösteten sich Mann und Frau noch etwas ausgiebiger und dachten bald kaum mehr an ihr kleines bisschen, das ihnen zum wirklich grossen Glück noch fehle, als der liebe Gott sich nun überraschend doch noch erinnerte und den beiden unvorbereitet einen Nachwuchs zukommen liess.

Ihr Leben war nun allerdings bereits so auf die Kinderlosigkeit eingerichtet, dass das angekommene Kleine ihnen jetzt etwas zusetzte und ihnen nun ihr geruhsames Glück an allen Ecken beschnitt. Bald schickten sie das Kind ausser Haus von Festchen zu Festchen und liessen es von einer trockenen Tochter aus gutem Hause recht ordentlich erziehen und pflegen. Alles hat es, wie ein Königskind, sagten sie, und glaubten fest daran.

Dieses aber zeigte sein wahres Gesicht erst nach und nach. Der dicke Mann wurde von seinem Kleinen wie von einem Teufelchen gezwickt und geschüttelt, alles, was es zerstören konnte, zerstörte es. Die schöne Gouvernante verstummte und ergraute, der Gärtner ergrimmte, die Nachbarn schalten das ganze Nest eine Äffchenbrut, die Ehe strapazierte sich und ging mampfend in Brüche, die Frau legte sich eine chronische Migräne zu und erfüllte ihrem Mann keinen einzigen Wunsch mehr. So kann ich nicht leben, sagte er, und liess sich ebenfalls krank werden. Säuberlich getrennt wurden die beiden in ein hoch in den Lüften liegendes Sanatorium eingeliefert, wo sie ihre unfassbaren Leiber auf Wolken betteten.

Das schwarze Schaf aber, so nannte sich das Kleine nun, grub, wenn wahr ist, was überall erzählt wird, im Garten nach den vergrabenen Juwelen der entflogenen Eltern, grub und grub, bis es, von einem daher eilenden Ingrimm gepackt, zum Trotz und freiwillig sich wie ein Rumpelstilz zerriss und, so wurde ruchbar, sich ins Höllenfeuer stürzte, wonach bald ein gelangweilter Beamter mit hohem Hut und Silberstöckchen das nach Kohle riechende Heimwesen inspizierte und Unterlagen für die Gant erstellte.

15

Noch vor dem Haupteingang zur Kirche gab ich die Hand einer jüngeren Frau, welche mir bekannt vorkam, und die ich sofort in den Mittelpunkt meines Interesses rückte. Während der Trauung eines befreundeten Paares hatte ich Musse, sie über einige Bankreihen und über die Vierung seitlich zu betrachten und mir zu überlegen, woher ich sie kannte. Meine übliche Skepsis gegenüber soviel Schönheit an sich meldete sich sofort. Ihre zarte Gestalt war in ein gelbes Kleid gehüllt und um ihre Schultern lag ein dunkelroter Umhang, der vorne mit einer verzierten Doppelnadel verbunden war. Die feingeschwungenen Lippen waren fast immer geschlossen und verliehen dem ganzen Gesicht etwas Ernsthaftes, was auch durch die breiten Wangen und die grossen, schwarzen Mandelaugen unterstrichen wurde. Die krausen, nach hinten gekämmten Haare schenkten ihr eine Jugendlichkeit und Reinheit, dass trotz ihrer Ernsthaftigkeit und Tiefe nie etwas wie Schwermut oder gar Gram herauszulesen gewesen wäre. Obwohl sie nie lachte während der Trauung, glaubte ich ein grosses Glück in ihr zu fühlen. Ich hatte solche Reinheit bisher noch nie erlebt und hielt sie im Moment auch für eigentlich unmöglich.

Ich hatte bis tief in die Nacht während des anschliessenden Festes in einem Burgsaal kein Wort mit ihr gewechselt und die Feierlichkeiten, das Trinken und der Tanz hatten uns bis dahin nicht zusammengebracht. Sie drehte und bewegte sich zur Musik wie auf einer alten Schwarzweiss-Photographie mit Aufrichtigkeit, Strenge, Stolz, Würde. Nach dem Tanzen ging sie jeweils nicht an den Tischplatz, sondern lehnte sich aus einem der kleinen Fenster in die weite Nacht hinaus und schaute den Wald und die Sterne an, als könne sie mit ihnen sprechen wie mit sich selbst.

Ich erinnerte mich, vor vielen Jahren hatte ich sie auch so gesehen hinter einem Fenster unseres Nachbarblockes, wie sie mit ihren dunklen Augen in die Strasse hinuntergeblickt hatte und jeweils lange so stand, reglos, ohne mich je zu bemerken. Ihr Vater war ein kleiner Angestellter auf dem Gericht gewesen und hatte seine Frau geprügelt. Über die Jahre wusste man im Quartier

Bescheid darüber, was in der Familie abging. Er kam oft betrunken nach Hause und vernichtete seine Frau vollständig, als er eines Abends mit einer aufgetakelten Barmaid erschien und diese als Tante im Hause verkehren liess, ihr Rechte und Geldmittel übertrug und alle andern der Familie zunehmend einschüchterte. Man munkelte in der Strasse, er sei sehr übergriffig auf seine Kinder mit perfider, nach aussen unter Freundlichkeit versteckter Gewalt. Welcher Art die Übergriffe waren, wusste man nicht genau. Alle verspürten etwas, niemand sprach ihn darauf an, alle gingen ihm nach einer gewissen Zeit aus dem Weg. Ob all dem Gram hatte sich der Bruder meiner Tänzerin das Leben genommen und damit das Unglück der Familie noch vermehrt, da alle drei Erwachsenen nun auf verschiedenste Weise bemüht waren, ihre Schuld am Tode des Sohnes zu vertuschen und eine unheimliche Liebenswürdigkeit unter sich selbst vorzuspiegeln begannen, welche tatsächlich immer wieder neue Freunde ins Haus brachte, so lange, bis alle Leere ans Licht kam und wieder neue Bekannte erworben wurden.

Die Mutter meiner gelbgewandeten Tänzerin war mit den Jahren zu einem seelischen Wrack verkommen und die Barmaid und der Ehemann hatten noch mehr Gelegenheit, unheimlich gütig von der lieben Seele zu sprechen, während die Nachbarn begannen, die beiden mehr zu bemitleiden als die Frau, welche dauernd in ihrem Zimmer bleibe und doch eine harte Prüfung für den noch so stattlichen Mann sei. Der ganze Lebenszweck der Mutter war nur noch die Tochter, welche sie andauernd bewunderte und verwöhnte, mit sinnlosem Lob überschüttete und anschliessend in längeres Weinen verfiel. Der Vater wollte an der Tochter immer etwas wiedergutmachen und beschönigte ihr in langen Erzählungen und wehmütig die vergangenen Kindheitserlebnisse und im Alkohol wurde auch er dann sehr weinselig. Er fuhr ein prächtiges Auto und war auffällig gut angezogen. Die Barmaid wollte zunehmend Mutterpflichten übernehmen und lehrte das Mädchen den Umgang mit Männern. Nach dem Tod der Mutter verstarb bald auch der Vater und die Barmaid setzte sich ins Ausland ab.

Als ich mich bei Sonnenaufgang am andern Morgen nach dem kurzen, aber dichten Gespräch von der Tänzerin verabschiedete, war ich hellwach, mir war, ich sei aufgetaucht, erfrischt aufgestanden. Sie sagte, das Erwachsenwerden sei ihr diese Nacht wie ein Geschenk geschehen, wie das banal töne, sie zog das rote Tuch näher um sich über das gelbe Kleid und lächelte, schon wieder aus der Ferne, zu mir herüber.

16

Dass jede Tat und jeder Gedanke das Aussehen verändern, davon wusste sie nichts. Sie liebte seine markigen Züge, sein scharfes klares Profil und sein festes Auftreten, damals, vor Jahren. Und sie versuchte, ihn ihrem Leben einzupassen, ihn auf ein marmornes Sockeli zu stellen, passend zu Vorhängen, Blumentapeten, Schosshundteppichen und Damenheftchen. Und sie sagte ihm eines wunderschönen Abends auf der abendsonnendurchfluteten Veranda denn auch, sie wolle ihn, den König, zu ihrem persönlichen Kaiser krönen. Erst wenn er so sauber und wohl sich in das nun mal übliche Leben eingliedere, erst dann würden seine überdurchschnittlichen Anlagen zur Entfaltung gebracht werden, sie würde ihm dabei mit aller Macht helfen. Und bei einzwei Gläschen zuckrigem Rosé liess er sich die Bestätigung ihrer Worte entlocken und später dazu verführen, sie langsam und deutlich zu wiederholen. Sie gab ihm dafür zarte Bestätigungsstreicheleien, die sie ihm von Dritten nicht mehr zukommen liess. So liess er sich von diesen bestechenden Parfümwelten betören. Sie beweihräucherte ihn und er erlag ihr, sie bestimmte über ihn, wo und wann es ging und schloss ihm allabendlich ihr Herzchen auf und das goldene Schlösschen an der Belétageflügeltür zu.

Als geköpfte Pfingstrose im Wasserteller blühte er zunächst nochmals gross auf, wurde bewundert von ferne und sein Rausch stieg, je stärker sich bösartige Gedanken anmeldeten, Ängste, Fragen. Fragen nach Quellen, nach Wurzeln und nach Himmeln. Und die Riegel liess sie noch manchmal offen.

Natürlich schaute sie auch sich im Spiegel an, täglich mehrmals, doch sie sah nichts, nichts Auffälliges jedenfalls. Als er dann langsam zu welken begann dort oben, da steigerte sie ihre Anstrengungen beträchtlich, wischte und putzte, sauberer und sauberer, je trüber es wurde, lud ein, vermittelte und ging viel zum Einkaufen. Und als dann die ersten klagenden Unkenrufe kamen von alten Bekannten, das Vögelchen habe sich aber arg verändert, da sagte sie, sie schiebe dem jetzt einen Riegel und lud statt ein aus, liess statt Weihrauch Ärgerlichkeiten aufsteigen zu ihm. Die Freunde blieben langsam aber sicher fern, griffen nicht mehr ein, hatten selbst genug zu tun damit, eigene Käfige zu wischen und schwiegen, schauten vielleicht einmal etwas vorwurfsvoll mitleidig und entfernten sich.

Seine markigen Züge, sein scharfes, klares Profil und sein festes Auftreten verkümmerten. Was er einmal war, jung und frei, wie er sagte, wurde zu seinem grössten Ziel. Das Sterben hätte erlöst, das Altern jedoch verstärkte auch den seelischen Zerfall. Sprechen brachte zuviel an den Tag, Schweigen hielt den Schmerz in Grenzen. Der Wall türmte sich vor ihr, aber sie sah ihn nicht. Er, von der anderen Seite, sah ihn wohl, träumte noch mehr, verkroch sich aber vor den draussen vor der Tür ausgestellten Ge- und Verbotsschildern, den wischenden Mahnfingern und den Vorwurfsschleudern. Es reichte noch die Kraft zu einigen Innerwutanfällen, zu verhaltenen, verbissenen Kopfschütteln ihrerseits und seinerseits, und sie glichen sich beiderseits an ihren wachsenden Wall an.

Eine junge, kecke, heitere Besucherin des Pärchens sah nur das Beste an ihm, unbefangen und voller Ideen, die ihn zum Lächeln brachten. Sie lachte naiv zu ihm auf und bald schob sie die Alte mit einer Riesensszene zur Seite, schob diesem gefährlich mannstollen Weib den Riegel, beobachtete ihn ab sofort misstrauisch, lästerte, drohte, fauchte.

Er träumte manchmal von Hawaii, und sie glaubte, von jener. Sie verbiss sich ihre Züge förmlich von innen, und er wurde vom Essen runder und runder, die Bauchringe blähten sich und die Nase wurde zu einem knolligen, feisten Töpfchen, das man manchmal leeren musste. Nachbarn schwanden, Blätter fielen ab, Häupter neigten sich, lösten sich, bohrten sich schuldig in Kissen, sangen Choräle. Hoch und Tief wechseln sich ab, sagte er halblaut zu seinen ausgeflogenen Kindern, das legt sich wieder, verlor sie auf dem weiten Feld. Er reparierte mit klammen Fingern den Staubsauger und seine Frau starrte in den Spiegel, strich die klumpigen Falten und verriegelten Augen mit Goldpasten zu, wurde, wie sie glaubte, von allen und allem immer ungebührlicher verfolgt und begehrt, trat nie mehr aus dem Häuschen, verfaulte nach und nach.

Er fände den Schlüssel zu all den Riegeln nicht mehr, sagte er in einem verhaltenen Wutanfall bei einem Familienessen, Riegel, die er sich ja eigentlich immer selbst vorgeschoben habe, um anständig zu bleiben. Als sie gestorben war, schüttete er ihren Staub heimlich in den Ablauf, verriegelte aber zuerst sorgsam die Haustür, die Urne behielt ihren Platz auf dem Buffet.

17

Manch ordinäre Lustbarkeit, Chilbitreiben und Tanz wurden angeboten am letzten grossen Dorffest des Jahres und weidlich genutzt. Von weit aus dem Lande, angetan schon im Kommen von sich und wohlig in der eigenen Menge sich bergend, strömte das Volk zusammen, welches das sonst so selbstvergessene Örtchen mit den breitgestreuten Häusern und Höfen zu einem dichten Klumpen emsigster und verschlungenster Bewegung werden liess.

Ich setzte mich an einen der grossen Holztische in einem breiten, grauen Zelt, das auf einer Wiese aufgeschlagen worden war. Infolge des anhaltenden Regens allerdings war sie zu einem ziemlichen Sumpfe geworden. Es schüttete wieder stärker und das ganze Land blieb in trübe, tiefe Wolken getaucht.

Deshalb drängte sich die Schar in die Hütten, Scheunen und Zelte, wo es scharfe Getränke und geschützte Winkel gab. Ich kam mit einer Frau ins Gespräch, welche etwas angetrunken wirkte und eben von einer schneeweissen Greisin verabschiedet wurde. Sie hatten wohl etwas besprochen, das ihnen Anlass zu grossem Mitleid gegeben hatte, denn ihr Mund zeigte diese schmallippigen Wehmutszüge und der Blick Sentimentalität. Sie erweckte einen verwirrten und irren Eindruck, weil sie immer wieder die Augen nach oben drehte und plötzlich Pausen einlegte, in denen sie abwesend wirkte. Die Schattnerin, sagte sie für sich, die hat es auch nicht leicht. Und da ich mich ihr zuwandte, redete sie zunehmend befreiter, als hätte sie eben einen lange unbewegten Stein vor einem überfüllten Grabe weggerollt. Sie sprach leise und klamm, schien sich zu schämen für das unter vorgehaltener Hand endlich Loszuwerdende. Eine grosse Nervosität beherrschte sie. Sie zitterte. Ihre Hände hatten Flecken und auf die schmalen Lippen hatte sie, wahrscheinlich um dem grossen Fest gebührlich Rechnung zu zollen, viel breites Altrosa aufgestrichen, das über die eigentlichen Lippen weit hinausging. Französisches Rouge hatte sie sich zudem auf die Wangen gelegt.

Das ist seine Mutter, sagte sie, sie ist nicht zu beneiden. Dabei bin ich noch mit ihm zur Schule gegangen, er war immer der Beste. Und der Pfarrer schickte ihn natürlich in die Klosterschule. Dann ging alles gut, etwa ein Jahr, obwohl er weg war, bis die Mutter Briefe erhielt vom Abt. Ihr Sohn sei ein sehr eigentümlicher Mensch. Er verstumme manchmal plötzlich und sei, obwohl er noch immer rechte Leistungen bringe, dann zu keinem einzigen Laut mehr zu bewegen.

Während sie erzählte, mimte sie ansatzweise ganz boshaft den Gesichtsausdruck eines salbadernden Abtes. Sie schwieg lange und schien sich mit geschlossenem Mund die Geschichte vorauszuerzählen. Der Abt schrieb auch, diese wunderlichen Erscheinungen wären ja noch zu verkraften, wenn er nicht, als müsse das Gegenteil auch zu seinem Rechte kommen, zunehmend auch teuflisch bösartige Anfälle bekäme, in welchen er unverständliche Dinge sage. Hier schloss sie die Augen und machte Mundbewegungen, als käue sie wieder. Und dann sei er so hart und heftig, dass man Angst um ihn bekommen könnte.

Sie lachte laut auf und schwieg wieder eine Weile, blieb über Tisch und Glas gebeugt, den Blick starr auf einen fernen Punkt gerichtet. Er vertrage keinerlei Widerrede, zitierte sie spöttisch, und sei dann auch gebührlich bestraft worden durch Einschluss in eine Zelle. Sie erzählte sehr langsam, und als sie mich kurz versichernd angesehen hatte, monologisierte sie weiter.

Das ging soweit, dass er eines Tages einen der Mönche beinahe erschlug und die ganze Klasse ihn festhalten musste. Da ich sehr gut mit der Mutter befreundet war, zeigte sie mir die Briefe des Abtes immer wieder. Niemand durfte davon etwas wissen, der Vater erst recht nicht. Er hätte den Sohn sonst durchgeprügelt. Und die andern hätten sich das Maul zerrissen.

Sie kratzte mit dem Mittelfinger heftig und ruckartig auf dem bierfeuchten Tischblatt. Plötzlich schien sie erleichtert. Ja. Und dann stand er eines Morgens mit seinem Köfferchen vor meiner Tür. Neben den guten Noten waren eine Unmenge Betragensbemerkungen in das Zeugnis eingeflossen, sodass es eigentlich wertlos geworden war. Er getraute sich nirgends hin damit und er schien auch nie stolz auf seinen Ausweis zu sein. Es gelang ihm dann mit meiner Hilfe, dem Vater etwas vorzulügen, damit er die Eintragungen nicht zu Gesicht bekommen sollte. In der Fabrik nebenan arbeitete er einige Jahre in der Verwaltung, aber es ging bald nicht mehr, er redete so gescheit daher, dass ihn niemand mehr verstand. Ein Übergescheiter eben. Der Pfarrer und der Lehrer sprachen bald auch nicht mehr mit ihm, die waren wohl irgendwie eifersüchtig oder neidisch auf den Narren, das glaube ich. Und dann, ja, dann kam er immer wieder zu mir und sprach vom Heiraten. Aber ich hätte ihn doch schon damals nie heiraten können, er galt überall im Dorfe als Spinner und seine Anträge machten im Wirtshaus die Runde. Ich hätte ihn niemals heiraten können, so wie es nun einmal war. Nein, nein. Auch die Fabrik hat ihm später gekündigt, und er hatte ja gar nichts mehr. Und überall wusste man, dass sein Vater aus Gram über diesen Sohn gestorben war.

Die Mutter ging ja arbeiten, ich half ihm zuhause wie es ging. Damals blickte er mich immer so an. Unerträglich. Ich hatte ihn ja auch sehr gern irgendwie, aber so ging das doch nicht. Er begann, sich abzuschliessen. Zuerst ging er nicht mehr aus dem Dorf, später nicht mehr aus dem Zimmer. Ich konnte einfach nicht dortbleiben, nein, das nicht. Wir litten uns nur noch gegenseitig an. Ich konnte doch nicht bleiben, oder?

Ich sah sie, als sie nun schwieg, an. Und sie mich auch sehr eindringlich, schluchzte plötzlich los, trank das Glas leer und wischte sich mit einem zu grossen Taschentuch die Nase. Der Schluss der Geschichte floss stockend und suchend aus ihr heraus.

Ich habe ihn nicht mehr gesehen seit vielen Jahren. Er will ja auch keinen Besuch, nie. Es will auch niemand mehr etwas von ihm. Seine alte Mutter stellt ihm alles ins Zimmer und geht wieder. Immer spricht er vor sich hin, ganz ruhig. Als gehe es ihm gut so. Und er schreibt Heft um Heft voll mit seinem grossen Zeug. Blaue Hefte voll Durcheinander. Sie liegen in Bündeln in seinem Zimmer, wenn er nicht gedrängt würde von seiner Mutter, die Kleider zu wechseln, er würde es nicht tun. Sie weiss nicht einmal, ob er schläft oder nicht. Niemand weiss es. Die Kammer ist ganz oben, und dauernd brennt dort ein Licht. Es macht mir richtig Angst. Immer wenn ich von meinem Zimmer aus über das Dorf blicke. Dauernd brennt dort auf der anderen Seite dieses einzige Licht.

Sie starrte wieder auf den biernassen Tisch in dieses Licht, in diese Helle, diese Spiegelungen. Ich beliess sie in ihrer Selbstvergessenheit. Die einsetzende stumpfe Stille wurde mir unangenehm. Später, als ich der Chilbi den Rücken zuwandte, sass sie immer noch starr am gleichen Ort, als sei sie tot.

Sie sah wohl dieses Licht brennen, und es brannte weiter, weiter, je länger sie es anstarren musste. Ich ging ohne zu grüssen.

Als ich nach Jahren wieder in diesem Dorf vorbeikam, erinnerte ich mich an das Licht und die blauen Hefte des Eingeschlossenen. Ich suchte den Weg zu jenem Haus, in welchem das verborgene Geheimnis sein musste. Dabei fiel mir auf, wie sonderbar distanziert die Dörfler mir Auskunft gaben, wie spöttisch sie mich behandelten. Und der Greis, der mir schliesslich unter jenem Fenster die Tür öffnete, brauchte einige Zeit, bis er mir sagen konnte, wie es um jene Frau gestanden war. Sie sei selbst dieser Zurückgezogene gewesen, sie, die Übergescheite, welche sich nur selten zeigte im Dorf, dann aber allen dieselbe Geschichte immer und immer wiedererzählte, von diesem Sohn mit einem Licht und blauen Heften auf der andern Seite des Dorfes, das wie ein Meer sich allabendlich in der Talmulde spiegle. Auf zwei Pferden reiten habe schon andere zerrissen, brummte er.

18

Sommervögel tanzten immer am Saume der Lüfte über den Erdboden, als seien sie Kinder der Luft, geformter Atem. Sie flogen leicht, plötzlich und ruckartig und lange sinkend und immer drehend und wechselnd vom Bodengras auf die Blüten, vom Gartenzaun über die Löwenzähne und Kiesel. Céline stand am offenen oder geschlossenen Fenster, blickte stundenlang bewegungslos hinaus. Manchmal und plötzlich entwichen die Blicke wandernd, springend, flackernd, flatternd, unvorhersehbar über den Hinterhof, kreuz und quer. Oder sie staunte ohne Regung mit dem ganzen Gesicht, fixierte einen endlosen Punkt, eine Weite. Typisch, sagten die Nachbarn, dieses Glotzen für Blöde.

Seit je war etwas nicht richtig mir ihr, dicklich war sie dazu, man sieht es den Deppen an, sagt das Dorf. Lach nicht, sagten sie lachend zu sich. Céline hörte ohne Unterbruch Musiksendungen am Radio, wenn sie einmal nicht am Fenster stand. Sobald jemand schwatzte, drehte sie am Knopf. Volkstümlich, sagte sie, Walzer habe sie am liebsten. Zäuerli. Sie sprach selten, legte aber plötzlich los, überhastet, verschüchtert, sage liebevolle Dinge über kleine Tiere, den Wald, die Wiese, welche sie als ihre Schwester ansprach, Schwester du bist schön, Schwesterchen, ich will zu dir. Dann weinte sie still, lang, allein, ergeben.

Ein Jahr lang ging sie in die Schule, Näh- und Handarbeitskurse bei Diakonissen. Sonst durfte sie das Haus nicht verlassen. Sie wurde so zu einem Teil jener Hausfassade, man fragte nach Céline eigentlich nur, wenn sie einmal nicht am Fenster stand. Jeder von der Strasse zugerufene Scherz, jeder Spott, jede Gemeinheit beantwortete sie mit reiner Liebeswürdigkeit. Die merkt nichts, sagten die Dörfler.

Ihr Vater hatte ihr einige Geschichten und Märchen erzählt, weil sie immer ohne zu unterbrechen zuhörte, angespannt mitlebte, dass er die Wut über das missratene Kind kurz vergass. Er schöpfte eine innere Zufriedenheit daraus, obwohl er das nie zugab. Er fragte sich und sie oft, womit er vor Gott diese Schande verdient habe.

Die Kirchengänge erledigte die Mutter mit Céline, die mussten sein, etwas unauffällig und schnell gehend, das ganze Jahr über im Halbdunkel der Frühmesse. Die Mutter war eine einsame, verhärmte, trotziggläubige Greisin geworden. Céline lebte mit ihr viele Jahre allein, als die Alte dann kaum mehr gehen konnte, übernahm sie nach und nach über Jahre hindurch völlig unbemerkt eingeübt die Arbeiten des Haushaltes. Man sagte dann im Dorfe, so jemand wie Céline könnte heutzutage einen normalen Beruf erlernen, aber damals.

Da die Wohnung Célines begehrt war und die Mutter dann eines Tages tot im Bett lag, drängten zunehmend mehr Stimmen darauf, Céline zu versorgen. Mit diesem Giftgrün im Wort und dem sich darin verbergenden doppelten Boden war es tatsächlich beides, was man wollte: Sie mit Essen und Wohnung ausstatten und das Versorgen in einer Schublade, das Ablegen von Gebraucht-, oder von Unbrauchbarware in Estrichschränke bis zur nächsten grossen Müllabfuhr.

So erschienen morgens um fünf drei Männer in einem Taxi vor Célines Haus, schleppten sie, obwohl sie sich freiflattern wollte, im Nachthemd in einen Wagen und brachten sie, die Erschrockene, Unfrisierte, in Tränen Aufgelöste unter Beizug eines Dorfarztes und im Auftrag eines beschwatzten Sozialbeamten in die psychiatrische Klinik, um die manchmal trotz allem Verständnis unerträglichen Dinge, die sie in diesen weissgottnichtleichten Jahren in Wohnung und Dorf getrieben habe, zu beenden. „Auch heute früh jetzt, dieses Geschrei, ganz aufgerieben ist sie, man sieht es ihr doch an, dass sie in der Klinik besser aufgehoben ist, Wiedersehen Céline. Gib Gas, Hans."

Jetzt ist Céline bei katholischen Schwestern, welche mit ihr die bekannten Gebete sprechen, sie zum Arbeiten anhalten. Die Versorgung war endgültig, Besuch erhält sie kaum. Sie bekomme einige harmlose Mittel zum Beruhigen, zum Ausgleich, sagt der Prior. Sie steht am Fenster und glotzt durch die im Herbst vor den Weltwintern fliehenden Schmetterlinge hindurch, wippend, wartend. Brüderchen Himmel, Schwesterchen Wiese.

19

Kaum hat er das Drücken der Klinke oder das Drehen der Tür gehört, blickt er auf, immer ernst, niemals zuviel lächeln, das Amt zeigen, dreht sich zur Eintretenden und als solche immer Untergebene, sagt mit freundlichem, kurz gehaltenem Unterton sein „Guten Tag", oft bloss als „Tag", streckt den Arm aus, strafft die Hand etwas, aber kurz vor dem Händedruck wird sie ihm wieder etwas schlaff in der Hand der Begrüssten, dann ermannt sie sich wieder, steift auf, hat unbedingt den letzten Druck, in Bruchteilen von Augenblicken spielt sich ein abendfüllendes Drama ab mit Prolog und Epilog, noch bevor ein einziges Wort der Besucherin, der Klientin, der Gesuchstellerin gefallen ist, das fällt dann doch und nicht sonderlich tief, es ist scheu, unvorsichtig, darauf angelegt, die Normen des Vorgesetzten von Anbeginn zu erfüllen, nimmt die Grussformel auf, kann aber die Stille des Chefs nicht ertragen und floskelt etwas von Guter Tag heute und Wetter, Kopfweh-hab-ich-ein bisschen wäre schon zuviel, aber lächeln, immer lächeln, eine Handgeste unterbricht, Antwort ist nicht nötig, Kopfnicken genügt, der Platz ist angewiesen, fragend gleitet die Besucherin über zu Dank, setzt sich endlich mit dem Habitus von Ruhe, Gemütlichkeit, Kollegialität.

Die unsichtbare Sekretärin im Hinterraum lacht hell auf, kichert, ihre Stimme tönt warm und unbeschwert jung. Ein Parfümfädchen gleitet durch den Türspalt. Die Krawatte des Chefs fällt denn auch ganz heiter über das bunte, nicht allzu bunte Hemd, endet etwas tief unter dem überhängenden Bauch und dem Bundgurt, der eine gewisse Abgeschlossenheit bedeutet, Hose hat mit Gurt zu sein, ohne wirkt unklar, hat er einmal gesagt. Das Wildlederjackett ist offen, das Pullöverchen geschmackvoll arrangiert, der Schnauz und die Brille sind Accessoires, über die man als Mann nicht spricht, über sie aber mit Untertönen des Selbstverständnisses verfügt.

Er nimmt zunächst die Akte nicht, sondern bestätigt noch einmal den guten Ausgang der letzten Sitzung, worüber er sehr froh sei, was die Unterstellte bestätigt, nicht nur bestätigt, sondern ergänzt, indem sie gleich eine Frage anschliesst, welche der Chef genüsslich beantwortet, und die wiederum anschliessende Zufriedenheit der Anfragenden demonstrativ zur Kenntnis nimmt, Konsens hüben und drüben. Mit einem lange ausgehaltenen, aber deutlich abgebremsten „Ja" greift der rundere der beiden zur bereitgelegten Akte, wohltuend darf jedermann zur Kenntnis nehmen, dass die Sache präpariert ist, da muss nicht zuerst gesucht werden, da liegt alles bereit, beispielgebend. Mit einer uneiligen und dennoch zielklaren Bewegung gleitet der ausgestreckte Finger der rechten Hand an die reche Oberkante des Papierbündels und packt es dort mit zwei Fingern an, dieweil sich der Ringfinger einwindet und der Zeigfinger sich ausstreckt, nicht gerade steif, aber immerhin.

Hinter dem Fenster hinter dem Direktor ist ein öffentlicher keiner Park, auf einer entfernten Bank mit dem Rücken zum Haus sitzt ein sich lange und versunken küssendes Paar. Es ist kalt, sie atmen durch die Nase kleine Nebel aus. Die letzten Jahre hat sich der Chef einige Kilos zugelegt, das gehört sich so, er prustet manchmal drauflos, fit sei er trotzdem, da sei er eisern, sein samstägliches Waldläuflein, das halte er sich offen, da gebe es nichts zu melden zuhause, was sein müsse, müsse sein.

Als das Team bei einem Weiterbildungsanlass gefragt wurde, was man denn ausserberuflich noch tue, um einen Ausgleich zu haben, etwa Lesen so oder Künstlerisches oder Museen besuchen so oder Garten oder Sport und Wandern so, geht er zur Gruppe Familie, wo er gut aufgehoben ist und sich alle zunicken. Wenn das ganze Team singen soll, weil eine nationale wissenschaftliche Untersuchung nachgewiesen hat, dass am Haus zu wenig für das Herz getan werde seitens der Leitung, Kopf und Hand dagegen kämen passabel weg, wenn dann also alle singen von Engeln und Bäumen und christlichem Gut, hat er sich zu konzentrieren auf den Zettel in seiner Hand und seinen Kugelschreiber, denn er muss wie jedes Jahr ein paar Worte an die Gemeinde richten, das hat schon Tradition, das wird so erwartet, das ist auch richtig so, wie er einleitend bemerkt.

In einer dunklen Ecke des Saals stillt eine Frau in Stiefeln und Mantel ihr Kind, sie schaut unentwegt und unbewegt auf das Kind, welches mit geschlossenen Augen und hingebungsvoll trinkt, breitlippig, rhythmisch. Mit pulsierenden Fäustchen. Und dann kommt von vorne ein Zitat von einem unbekannten amerikanischen Schriftsteller, nur kurz, wie er sich entschuldigt und zugleich an die Unbedarften im Plenum denkt. Später lässt er sich zu einer Stelle der Bergpredigt aus und endet damit, man müsse sich einmal überlegen, was aus Indien werden könnte, wenn die träg machende Gewaltlosigkeit in einen starken Forderungskatalog, in ein hartes Engagement zur Verbesserung der Zustände münden würde.

Nach jeder Ansprache muss er jeweils gehen, die Geschäfte rufen, das verstehen alle, allerdings ist er sicher bei allen festlichen Anlässen am Schluss wieder da, das gesellschaftliche Herumstehen anschliessend ist sehr zwingend, er nennt das „informelle Gespräche", die seien die halbe Miete.

Er nimmt das Papierbündel näher zu sich, ohne es von der Tischplatte zu nehmen, streift mit dem Handrücken kurz über die erste Seite und legt diese anschliessend aufblätternd auf den Tisch. Er wäre sehr froh, wenn die Sache mit den Teilzeitentschädigungen noch vor Jahresende unter Dach und Fach käme, er habe gute Arbeit geleistet, die ganze Gruppe selbstverständlich auch, allerdings sei nun die Zeit reif für Entscheide, und die seien bereits in diese Richtung gefallen, dass die Betroffenen übermorgen unterrichtet würden darüber, dass ihnen nichts mehr zustehe für Aufgaben, die sowieso im Pflichtenheft festgelegt seien. Das Paar im Park draussen steht auf, verharrt und verschmilzt. Eine Winterskulptur.

Schliesslich hätte der ganze Vorstandsausschuss grossmehrheitlich diesem zugestimmt, nun gelte es die Folgen zu tragen. Er könne nun nicht mehr zurück, die eingesetzte Arbeitsgruppe sei zu verständigen, man könne sie dann auch gerade auflösen, ihr Auftrag sei obsolet, um es so einmal sehr direkt zu sagen. Dass da Arbeitsstunden hinfällig würden, sei für ihn nicht direkt von Belang, in anderen Bereichen würde viel mehr gekürzt, das müsse er klar betonen. Ja, schlechte Botschaften müssten schnell und mit scharfem Messer durchgeführt werden, so seien sie am schmerzlosesten. Das sehe sie ja auch, ja, selbstverständlich, sagt die Gegenübersitzende, menschlich sei es aber problematisch. Moralisch auch, ergänzt er, aber die Sache verlange das so, sie solle das nicht zu schwer nehmen, sie betreffe das ja nicht eigentlich, im Unterschied zu anderen Kollegen, die ernstlich in den Bereich der Arbeitslosigkeit gedrückt würden. Im Übrigen sei sie in seinem Büro stets willkommen, sie könne auch mal so ohne Anmeldung und all die Förmlichkeit bei ihm einfach anklopfen. Das würde ihn sehr freuen, sie solle das nicht falsch verstehen.

Er kreist jetzt wie ein draller Ballon über seinem grossen, glattpolierten Tisch und bevor er zerplatzt, gibt er seiner Untergebenen die Hand, nicht ohne zunächst das Dossier zu schliessen mit den Worten „Dossier geschlossen", er habe noch zu tun. Sie sicher auch. Er danke für die Kooperation. Durch das Schlüsselloch gelangt sie bequem aus dem Zimmer, den Schirm hat sie vergessen, den holt sie später, sie mag und kann nicht mehr und sie hat natürlich noch zu tun. Draussen blaut eine stille Dämmerung und die Spatzen tun nervös.

20

Er wohnt seit vielen Jahren in der Banlieue in einem kleinen Miethäuschen, Sofa, Sessel und Tischtuch, Morgenkaffee, Sonntagsbraten, alte Tapeten, schwere Holzmöbel mit gelblichem Stich, alles unweit der Rangiergeleise. Der unregelmässige Dienst und das weite Land zwingen ihn zu Übernachtungen in den Eisenbahnerhotels in der Provinz und zu fortgesetztem Gernnachhausekommen. Normalerweise fährt er auf derselben Strecke, zu festen Zeiten. Aber es kommt vor, dass irgendwo irgendetwas Unregelmässiges vorkommt in diesem Riesengeflecht der Bahnen und dann wird umdisponiert weit oben und das wirkt sich dann eben aus bis zu ihm.

Dann werde ich hoffentlich nicht plötzlich auf eine unerwartete Strecke versetzt, nichtwahr, erzählt er gelassen, wenn ich einmal überhaupt nicht mehr auf meinem Siebenundvierziger hin und auf dem Neunundfünfziger zurückfahren könnte, das wär schon was für mich, mir ist es recht, wenn ich alle Stationen und so kenne, in der ersten Klasse ist das Kontrollieren angenehmer als in der zweiten, da sitzen auch mal Betrunkene drin, Pöbler, aber insgesamt doch selten. Aber bei mir ist Ordnung, die Toiletten und so, Zeitungen und Schuhe auf den Sitzen, die ausgekippten Bierbüchsen, der ganze Alkohol, abgerissene Kleiderhaken und ausgeschraubte, verbogene Sitznümmerchen, aufgeschlitzte Sitzpolster, das ist doch ein Unsinn, diese Lumpen.

Er hat sich nach einer kursartigen Weiterbildung spezialisiert auf Chef de Bord Bahn. Einfach Schaffner. Weil der Beruf des Flachmalers zu wenig brachte und er es satt hatte, aufstiegslos, karrierefrei eine völlig veraltete Arbeit auszuführen, Laden herumzustemmen, Terpentingerüche auszuwaschen, Farbkrusten abzukratzen, Latten vorzuschleifen, Salmiakschwämme und Laugenlappen in die Gummihandschuhe zu pressen und Flächen damit zu reiben, nur dass dann, fein säuberlich irgendjemand, und besser sind die nicht, aber Angestellte eben und nicht Arbeiter wie er, damit sich ein anderer also in diese Frische gemütlich hineinsetzen konnte.

Oft steht er und schaut hinaus. In einem dieser Sümpfe, die im Winter wie silbrige Platten auf den braunen Feldern liegen, starren in den anhaltenden Nieselregen vier gespreizte Kuhbeine, der Viehkopf ist nur noch als schräg schwimmender Unterkiefer zu sehen, die Zunge hängt über die Mahlzähne ins Silber und der Kuhleib ist ein halber Erdberg, aus dem die vier Gebeine wie eingesteckte Riesenzahnstocher stur in die Luft ragen.

Weiter hinten, an den sanften Hängen, haben wohl Bauern, die er nicht so mag, der weiten Gegend einen rechteckigen, metallblau prangenden Riesenbau hingestellt und davor ein gelbes Silo wie eine hochgestellte Walze, darauf flattert ein grünlicher Schriftzug in feister Monumentalgraphik. Das sieht er immer wieder vorbeifahren neben dem engen, an sein Geleise gezwungenen Express. Ein brauner, etwas kleinerer Kubus lagert wie ein vergessener Würfel eines überdimensionierten Spiels davor, das Ensemble bildet die Folie hinter der Kuh, im immer schwärzer werdenden Vordergrund zieht sich am unteren Rand zum Zug hin eine feine, dunkelbraun bis anthraziten schwimmende Linie aus Bahnschotter. Ginsterkaskaden und Wildfliederfelder jagen sich, Schuppen, Stumpengeleise, zerbrochene Puffer und alte Zeitungsfetzen fliegen auf wie gigantisches Toilettenpapier. Wellen wogender Leitungen auf Holzmasten begleiten den schnell sich wegziehenden, zielenden Zug.

Da er kleiner gewachsen ist als seine Berufskollegen, blickt er ihnen von unten ins Gesicht. Der Vorgesetzte, ein junger Mann aus der Verkehrshochschule, hat ihn in die Vorortszüge beordert, was ihn befreien sollte von der doch recht heiklen Arbeit in den immer komplizierter werdenden Hochgeschwindigkeitszügen. Sehen Sie, der Aussendienst verlangt ein sehr gepflegtes Aussehen und stete Freundlichkeit und unbedingtes Lachen über Witzeleien von möglichen Reisenden und Fahrgästen, ich betone Gästen, klar? Und wer ist das nicht, nicht?

Das Gesicht des Schaffners, er wird nun auch Chef de Bord genannt, was ihn erheitert, ist besorgt und freundlich, traurig und dienerisch zugleich, dauernd bereit, persönlich betroffen zu sein, aber dann auch wieder noch freundlicher, noch bitterer werdend. Mit dem wieselartigen Körper, dem gedrungenen Gesicht, den breiten Lippen und dem krausen Haar pirscht er durch die Couloirs wie ein grösserer Zwerg. Er hat nicht eine Mütze auf dem Kopf, er hebt einen Beamtenhut in die Höhe.

Sein Kleid, das er nach der Uniform für zuhause und für das Café an der Ecke immer anzieht, ist grünlich, das Hemd beige, die Krawatte braun. Mit den Monaten bekam der Anzug einen Graustich und glänzende Ellbogen. Die Schuhe sind sehr schmal, spitz und nach vorne etwas hinaufgebogen und hinten etwas abgelaufen. Am Comptoir mit dem Verre de blanc steht er immer, wortkarg, wippt unablässig. Seine Haut ist rötlich, fleckig, etwas narbig, verraucht, abgetrunken. Schuppige, weisse Flechten am Haaransatz, darüber schweigen alle. Auf dem beigen Hemd ist immer etwas Schmusseliges, ein Aschenteil oder ein kleiner Blutfleck vom Rasieren. Immer wieder streicht er sich mit der Rückhand etwas ab. Die Fingerhaut ist pergamenten, blauädrig, die Fingernägel liegen auf einem dunklen Violett.

Schweissnass und zittrig sind die Hände, immer in Eile, verschiedene bekannte Tickets durchblätternd, ihre Rückseite aufschlagend: und dann das kurzentschlossene Zuknipsen. Mit geradem Blick in die Augen des Gastes reicht er ruckartig die Fahrberechtigung zurück und hat in diesem Augenblick bereits die Aufmerksamkeit auf dem nächsten Gesicht, das ergeben hinter und unter dem Billett wartet auf seine Erfüllung. Inzwischen überlegt er sich, ob er schon wieder rufen solle, man solle die Billets vorweisen bitte. Und dreisprachig folgt dann übers Wagenlautsprechersystem das ‚In fünf Minuten treffen wir in – ein und wir wünschen Ihnen eine gute Fortsetzung ihrer, n'oubliez rien nous arrivons, we arrive'. Minutenlang nichts als Vorort, kleine Häuschen, seltsam schräg parkierte Autos, hoch über den Dächern in die Kurve geneigt das alles übereckstellende Zugfenster.

Jemand schliesst eine Haustüre auf, ein Kind tritt durch die Gartentür, das Garagentor wird von innen geöffnet, einer schliesst mit Fernbedienung sein Auto, das kurz aufleuchtet vor Schmerz. Der graue Rauch zieht aus den immer grüppchenweise über den Dächern gebündelten, rötlichen Rundkaminen Schlieren des Qualms in die einfallende Nacht.

Aus den braunen Schatten über violettem Grund steigen die feinen Nebel, aus denen nach und nach bis in den jetzt im Schritttempo einfahrenden Zug von aussen, von einer Bahnbrücke her, das Hämmern afrikanischer Trommeln einklingt. Grösser als die Häuser und das ganze Fenster ausfüllend wie Geister aus dem Glas tanzen Schwarze, halbnackt, mit grünen Bastschürzen und grossen Lippenringen, ihre Gesichter sind hellgelb angestrichen mit Tonerde. Verzückt und verzerrt ruckeln und zuckeln sie über die Bahnhofsbrücke. Einige geschädigt und vernachlässigt aussehende Jugendliche schauen zum Himmel und zum Zug hinauf in die Rundung des Viadukts und sehen dem Tanz zu, mit verlorenen Augen und einem Herz, das sehnsüchtig bittere Tropfen aus sich herausringt. Die Zugscheibe schottet plötzlich die Aussenwelt ab und wirft nur noch die Spiegelung der Fahrgäste zurück, Endstation.

Seine Frau packt reglos und verschlossen Gemüse ein im Keller eines Warenhauses, sitzt abends rauchend und in Pantoffeln auf der Terrasse, liest Heftchen. Und sie wirft ihm vor, er lasse sich herumkommandieren im Geschäft. Aber er muss froh sein, überhaupt eine solche Arbeit zu haben, er als Flachmaler und eigentlich Branchenfremder. Auf dem Rückweg vom Mikrophon zu den Sitzreihen hat er keine Zeit für Seitenblicke, schon wieder beim Gast lächelt er, verschämt, als wäre ihm eine Schokoladencrème umgefallen, kontrolliert, schlägt um, knipst, gibt zurück, blickt auf, blickt auf den Nächsten, schaut schnell zurück, murmelt Tschuldigungen. Seine Kollegen nennen ihn Chines, da ihm aus seltsam unklarem Grund die Wimpern ausgefallen sind vor langer Zeit.

An dienstfreien Abenden steht er an der Theke, trinkt sein Glas und schiebt sein goldenes Uhrarmband hin und zurück, auch Trompetengold glitzert, schimmern muss es. Einen Sekundenbruchteil bevor er das Café verlässt und bezahlt, blitzt es. Ein galanter junger Herr wäre eingetreten, hätte ihm kurz die Hand gedrückt, mit dem Kopf nach draussen genickt, wo sein extravagantes Auto stände, in welchem der grünliche Vertreter etwas verloren auf dem Hintersitz platznähme. Da sähe er, direkt neben sich eine fiktive Blondine mitfahren, eine Langbeinige, eine animierend Lächelnde. Man müsste sich wechseln können wie eine Stelle. Immer finge am Montag eine neue an, am Freitag hörte sie auf. Als er das Portemonnaie zuklappt, sagt er sich, dass er beide Gestalten im Fond des Wagens eigentlich verachte und sich mindestens manchmal noch sauber fühle, er sieht sich eher als melancholische Gestalt in einem etwas heruntergekommenen und schwindelnden Zirkus.

Oft ist er erst spät zuhause. Die Kinder sind meist gerade nicht daheim. Die Uniform hängt jeden Morgen bereit. Vor der Türe zieht er die Schuhe an, beugt sich hinunter, schnauft aufstehend aus, nochmals hinunter zum andern Schuh, ebenso schnaufend wieder hoch, reglos küsst er seine Frau, lautlos und nichts hörend; auch sie eingeübt weglos, vor dem kalten Kaffee, hebt die Tasse zum Mund, schaut, den Blick Richtung Fenster in der Scheibe verlierend, wenn er weg ist, still, ungesehen.